U0581778

诗酒趁温热

大唐才子的追梦人生

彤管有炜——著

天津出版传媒集团
天津人民出版社

图书在版编目(CIP)数据

诗酒趁温热 : 大唐才子的追梦人生 / 彤管有炜著
. -- 天津 : 天津人民出版社, 2022.9
ISBN 978-7-201-18171-4

Ⅰ. ①诗… Ⅱ. ①彤… Ⅲ. ①诗人一生平事迹一中国一唐代一通俗读物 Ⅳ. ①K825.6-49

中国版本图书馆CIP数据核字(2022)第151083号

诗酒趁温热:大唐才子的追梦人生
SHIJIU CHEN WENRE:DATANG CAIZI DE ZHUIMENG RENSHENG
彤管有炜　著

出　　版　天津人民出版社
出 版 人　刘　庆
地　　址　天津市和平区西康路35号康岳大厦
邮政编码　300051
邮购电话　(022)23332469
电子邮箱　reader@tjrmcbs.com

责任编辑　王昊静
策划编辑　李　根
装帧设计　三形三色

印　　刷　三河市兴国印务有限公司
经　　销　新华书店
开　　本　880毫米×1230毫米　1/32
印　　张　8
字　　数　145千字
版次印次　2022年9月第1版　2022年9月第1次印刷
定　　价　45.00 元

盛唐是浪漫的，理想的；
也是幼稚的，任性的。
只有盛唐才能滋养出这样的人。
因为看过繁华，才能寻求远方。

目录

contents

第一章 暗浮沉

越读书，越清醒。

要么孤独，要么庸俗。

庸俗从不是错误，只是一群人的孤独。

孤独也从不高贵，只是一人的坚守。

张九龄：看太阳坠落怀中

张九龄是什么做的？

清晨的风、夏天的草，

和林间挺拔的树。

张九龄就是由这些做成的。

张九龄披衣坐起，望着月亮。

那从浩瀚的海上升起的硕大月亮，好像被洗涤了一样，清透而明亮，治愈着一切，独独包裹着思念、平和与宁静，令人摇摇晃晃地，温柔地躺倒在黑夜里。

张九龄被短暂地慰藉着。

六十五岁的张九龄，听了很多别人的意见，但那些都是重

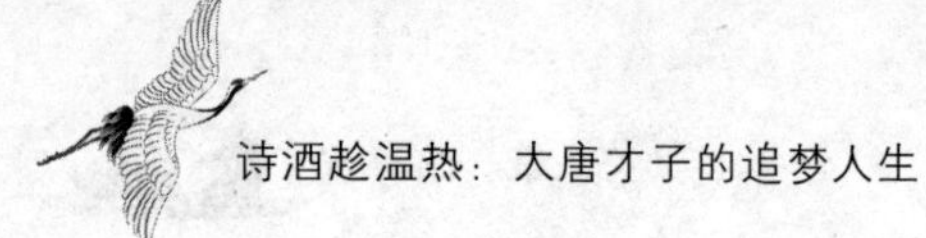

伤和谗言；做了很多随心所欲的事情，但那些都被认为是杞人忧天。他的帝王，敬他但不爱他；他的子民，闻他但不知他。宦海浮沉，他一次又一次地回归，一次又一次地远走，一次又一次地被信仰与希望折磨。

无人爱他，知他，念他。

这年，张九龄又一次被踢出长安，被他的帝王送去荆州，离他的政治遥遥，离他的家乡遥遥。

这年，他已然衰老。他牙齿脱落，骨头脆弱，头发花白。

张九龄太疲倦了，他不再挣扎。

他求爱，求思念，求知他懂他。

但什么都没有，那一轮月亮也好。

张九龄写诗（《望月怀远》）说：

海上生明月，天涯共此时。

情人怨遥夜，竟夕起相思。

灭烛怜光满，披衣觉露滋。

不堪盈手赠，还寝梦佳期。

他好像永远在赠予、付出与牺牲。

“如果你爱我，知我，念我，请你不要看这个千疮百孔的我。我愿意把我现在唯一的好东西——美丽而温柔的月光送给你请你惠存，做个好梦。”

因为在政治的名利场上，所有的东西都在暗地里填好价格，浮夸又现实。

张九龄出生官宦世家，他的曾祖父、祖父、父亲都曾仕宦，血脉相承，做官好像就是他与生俱来的属性。

而进入朝堂的文人们又是纯真诚挚之人，他们遵孔孟之道，行公正之路，他们念着“修身齐家治国平天下”的圣贤书，只不过是想要一个完满的将来。

文人走入名利之所，好像是纯良之人进入染缸，但仍旧有无数人趋之若鹜。因为那里鲜红得如同太阳一样，好像是所有光芒的聚集之地。

张九龄自然也是这被假象蒙骗的一个。

那太阳太遥远了，就像一个美丽的梦。

少时的张九龄读书写文，十三岁时就能写出很出彩的文章。他写信给当时的广州刺史王方庆，王方庆说：“此子必能致远。”这时的张九龄还是纯粹懵懂的，圣贤之音已经在他的脑海中一日又一日地重复，仁、义、礼、智、信，他一一践行，又一一刻在骨子里，融在血肉中。

未来是否会抽骨剥皮地成长，谁也不知道。

起码现在他还不曾改变。

他的内心是有远大志向的。每个少年都曾夸下海口，想成

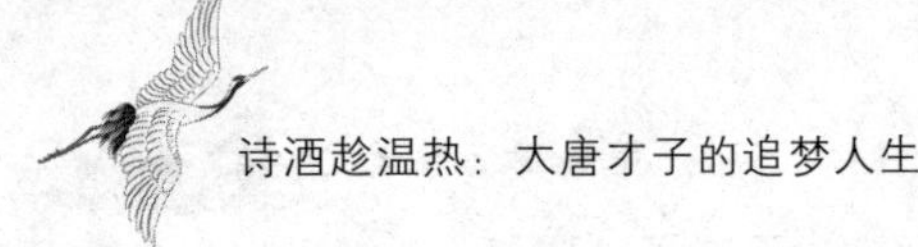

为英雄，想铲奸除恶，想让全天下的人都敬他爱他、信他依他。

张九龄也是如此，想走得很远很久，一直从岭南走到长安城中，走到那个梦中。即使那个梦血腥不断，用无数的人命来架起欲望的阁楼。

当时的唐朝，正处于一种“润物细无声”的迫害之中。懦弱的唐高宗李治即将走向死亡，而他的妻子，未来独一无二的女皇武则天，正在血洗唐氏宗族，那些血泪被包裹在假意的伤心、暗地的陷害、冠冕堂皇的理由和不为人知的龌龊下。

而后，唐朝迎来一段武周时代。

小朝代更迭之时，正是张九龄向朝堂走去时。

三十而立，张九龄到了长安，备受当时考官的喜爱，并被授予了官职——校书郎。张九龄正式登上了政治的舞台，但在这人才济济的地方，他只不过是一个小人物。虽然当时的文人领袖张说也曾夸奖过他，说他的文章经世致用，很看好他。

但是经世致用有什么用呢？没有人看到，也没有人会听到。

“我好像是世界的孤儿，游走在蝼蚁走过的角落。”

哪个青年不曾发出这样的疑问呢？可惜世界之大，有才之人如过江之鲫，并没有什么特别的。

张九龄兢兢业业地校勘典籍，就这样过了几年。

然后神龙政变爆发，武则天退位，之后的七年时间，唐朝换了三个帝王。

曾经那个遥远的太阳，张九龄离得近了，却忽然发现它千疮百孔。那些政治舞台上的宠儿，穿着华服，拿着刀，戴着微笑的面具，来刺破这个世界。那些人中间，有高高在上的皇族，也有曾经一无所有的文人墨客。

如果说皇族之争自古有之，但那些面目全非的文人们呢？是什么把他们变成了现在这个样子，满口仁义道德，满手沾满罪孽。

人生的路，以自我为原点，不是走向世俗，便是背离世俗。

张九龄的工作日复一日，枯燥、乏味，好像永远都要这样下去。

但是年少时的梦想啊，这么近。

张久龄能感受到太阳的温暖，炙热地烤着他的心。

张九龄萌生退意，他摇摆不定。

还是太子的唐玄宗拯救了他。一场东宫的选拔让张九龄正式跻身于朝堂。

张九龄成为一名拾遗。顾名思义，捡拾遗漏，只不过这个是捡拾帝王的遗漏，纠正帝王的决策，是为谏官。

张九龄留了下来，仍旧在长安。兜兜转转，他不再寂寂无名，在政治的舞台上，他一步又一步地向中央走去，但这何其艰难。张九龄不曾戴面具，不曾穿戏服，他好像是一个突兀的小丑，忽然闯入一个精彩绝伦的戏中。他让所有的演员都惊慌

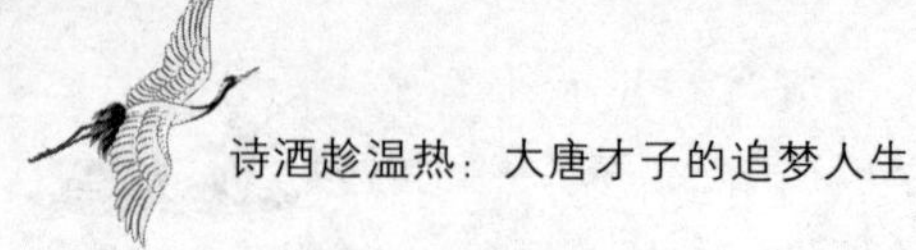

失措，因为他那样真，如同一个异类，惹得他们嘲笑，也让他们害怕。

四十多岁的张九龄，果真没有疑惑了，他不再犹豫，望着千疮百孔的太阳，他要修补一下。

张九龄上书帝王，希望选官可以重视人员的贤德和能力，而后他直指政治舞台的男主角——当时的宰相姚崇，提醒他在用人时应该消除是亲戚就举荐的陋习，应以才取人。

张九龄的胆气不像四十多岁的人，他好像还停留在意气风发的二十岁，愿意为了一个目标，像个疯子一样冒着傻气地执着。他的喉咙坚硬，声音掷地有声，心却极为柔软，没有被世俗打磨。他直言敢谏，刚正不阿，像一个闯入靡靡之音的不和谐的音符。但他终究是凡人一个，会被权势打压，会被流言击中，会被这繁华赶轰出去。

张九龄招致姚崇的不满是必然的。

世俗总会想办法打磨你的骨头，抽出你的血液，使你向它跪下，向它屈服。

张九龄因为反抗，日渐疲倦。

十四年的官场之路，张九龄走得如此不顺。十年的蹉跎，四年的坚守，张九龄回头看，为了一个太阳，他在这牢笼般的官场里自我禁锢、自我挣扎得太久了。他坚持自我，又丢掉自我。

张九龄回到家乡，让岭南之风治愈他。

从北至南这条路，不知道他翻越了多少座高山，流下了多少滴汗水，又走了多少个日夜。行路难，行路难，多歧路，今安在？诗歌都要唱绝，篇章都要不复。

张九龄居家一年，诗酒唱酬，结交知己，但他也不闲适，开通梅关古道，大大促进了海外贸易的发展，后人称之“古代的京广线”。古道修通后，全长十几千米，路两旁栽种树木，俨然是当时最便捷的南北通衢大道。张九龄而后还写了《开凿大庾岭路序》，记述当时的境况。

改变世界，治愈世界，又何必困于曾经的方寸之间，天地之间皆可为。

因为太阳的光耀，不是为了帝王，而是为了人间。

张九龄在《与王六履震广州津亭晓望》中写道：

明发临前渚，寒来净远空。
水纹天上碧，日气海边红。
景物纷为异，人情赖此同。
乘槎自有适，非欲破长风。

他说，他乘着小船就很舒服，为什么非要乘风破浪去呢。

张九龄终于开始慢慢地沉淀。他不急，他的梦、他的太阳，还在那里，从未丢掉过。

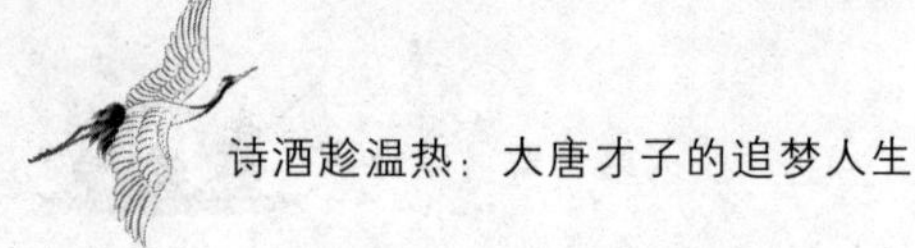

张九龄因为修路有功，被帝王召回后开始主持吏部选拔人才的工作，因此，他的才学和才能越来越被认可。他因为心思通透，所以识人很准，谁戴着假面来弄虚作假，他都能一一识破。而他的文章也被当时的宰相张说夸奖，张说说他“后来词人称首也”。

其后的八年，因为张说的青睐和提拔，张九龄的仕途顺畅起来。

张九龄虽然是张说的手下，但是从未卑微奉承，他还是从前的自己，那个挺直脊梁不戴面具的自己。

张九龄有清廉之风，君子之治，为官之道。

张说为皇帝办巡泰山封禅之事，随行人员在封禅之后会有进阶行赏之事，张说多选用官阶低但是和自己亲近之人。张九龄劝说，官爵是天下共用的器物，应该选择德行高尚之人，不然会被人非议。张说没有听他的，果然引起很多人的不满。

后来，因为张说和宇文融有矛盾，张九龄劝说张说，要注意宇文融。但是张说不曾在意，后来被宇文融弹劾，进而被贬。张九龄因此被牵连，调任外官。

第二次了，张九龄再一次见识了政治的诡谲。

张九龄望着那个千疮百孔的太阳。他又一次要告别它了。这个盛世的人都被它照耀着，无人看到它的伤痕，看到这场盛世下的危机。

张九龄离开了长安，在洪州任职时，他在《在郡秋怀二首》其一中写道：

秋风入前林，萧瑟鸣高枝。

寂寞游子思，寤叹何人知。

宦成名不立，志存岁已驰。

五十而无闻，古人深所疵。

平生去外饰，直道如不羁。

张九龄不是因为官场的反复而辗转反侧，而是因为他的幼稚的志向还在，但他已经衰老。

五年之后，帝王终于将张九龄召回，开始重用他。

张九龄成为曾经的张说，变成了宰相，主理朝政。

他终于登上了中央政治舞台。

他一抬头，就能看到太阳，就能够到太阳，他迫不及待地将它修复，将繁华之下的阴暗一一揪出。因为他知道帝王的反复无常。他提出应该以“王道”替代“霸道”，强调以民为本，反对穷兵黩武，反对严苛的刑法，希望可以减轻赋税，选择贤能的人为官吏。

当时，安禄山在讨伐契丹时失利，官员奏请朝廷将其斩首。张九龄曾见过安禄山，看出此人为奸佞之人，因此也建议将其斩首。但是，朝廷未采纳他的建议，为了显示皇家恩情，而将其放虎归山。

张九龄只在宰相之位三年，就为李林甫这个小人所嫉妒，被革除主理政事的权力。但是每当推荐公卿时，玄宗都会问："这个人的品质和度量和张九龄一样吗？"这个张九龄跟随一生的帝王，永远摇摆不定，给了张九龄宦海浮沉的一生。

后来，李林甫和牛仙客成为帝王的宠儿，张九龄则又一次被踢出长安。

这年，张九龄六十五岁。

虽然张九龄曾位极人臣，但那终究不是他最后的归宿，宦海浮沉，曲曲折折，坎坎坷坷，他落了一身伤痕。

他写了《感遇》其一，他说：

兰叶春葳蕤，桂华秋皎洁。
欣欣此生意，自尔为佳节。
谁知林栖者，闻风坐相悦。
草木有本心，何求美人折。

秋桂皎洁，春木茂盛。在风中、在林中，他同草木一样坐在大地上呼吸，不求有谁来折。

张九龄不想要太阳了。

他曾经一次又一次地修补，一次又一次地推着那硕大的太阳，它照耀着繁华尘世，其中有一半是他的荣光。

但是他满身灼痕，越炙热，越疼痛。

张九龄离开荆州，踩着自己修的路，回到了自己遥遥的家乡。

六十八岁，死亡没有找到张九龄。

这年，有太阳落入他的怀中。

盛唐即将从极盛进入衰亡，但那跟他已经没有关系了。

毕竟，每个人有每个人的太阳要奔赴。

张九龄已经得到了。

王昌龄：繁华是他们的

王昌龄是什么做的?

掉落的云、残缺的太阳,

和金黄色的沙。

王昌龄就是由这些做成的。

王昌龄有些醉了。

四周是沉默的冷凝，唯有屋外冬雪落下，映照出黑夜青蓝色的微光。

天地孤小，穷巷寒灯，命运匍匐如蛇，混沌之间，王昌龄无处躲藏。

这年，王昌龄四十二岁，在这个不惑的年龄，追寻一些东西好像变得越来越可笑和荒谬，他没有任何争辩和选择的权利，再次被朝廷如同扔出一颗豆子般随意丢弃，王昌龄只能离开长安，远到南方的江宁县做一个小官——江宁丞。

二次远走，意味着他的仕途之路可能就真的如此不堪了。所有的失望都朝他涌来，将多年的希望裹挟而走，什么痛苦，什么惆怅，什么求而不得，一瞬间，他好似什么都没有了。如在云端的开元盛世，他从来都在仰望，半步都走不进去。曾经念念不忘的，现在想来，全是嘲讽，令他遍体鳞伤。

乐观无用，努力无用，才华无用，命途多舛。

这大抵是王昌龄人生中最丧的一天。

岑参坐在他的对面，为他吟诗一首——《送王大昌龄赴江宁》：

对酒寂不语，怅然悲送君。明时未得用，白首徒攻文。

泽国从一官，沧波几千里。群公满天阙，独去过淮水。

旧家富春渚，尝忆卧江楼。自闻君欲行，频望南徐州。

穷巷独闭门，寒灯静深屋。北风吹微雪，抱被肯同宿。

君行到京口，正是桃花时。舟中饶孤兴，湖上多新诗。

潜虬且深蟠，黄鹄举未晚。惜君青云器，努力加餐饭。

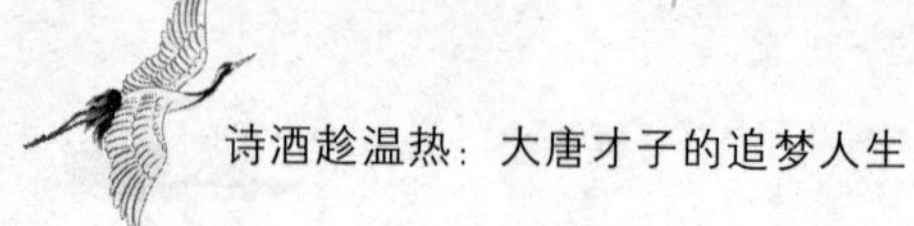

岑参喝下最后一口酒，打破寂寥，愁苦地为自己的朋友打抱不平："你如此有才，朝廷却无你一席之地，竟让你去到远方的淮水之畔，但还是请你怀抱你的才华和希望，要努力吃饭。"

这安慰饱含真情，依然无用。

希望和失望不是最美好和最悲痛的，从希望跌落到失望，才是最残忍的。

王昌龄失意之下，迟迟没有去江宁上任，离开长安，在洛阳与友人厮混半年，骑马、喝酒、郊游、看古寺、登高楼，好似生活是一袭华袍，但其实虱子早就爬满，捉不得，搔不到。

这样的王昌龄不出意外地被人诟病和诽谤，但他本就是再普通不过的一个凡人，没有人比他更真实和平易近人了。

王昌龄出身于普普通通的人家，年少时在家一边耕种一边读书。唐朝好似历史上的理想国，盛满了无数人的歌颂和赞美，而这理想国里的开元盛世，是再光明不过的时代，人才熙熙攘攘，赞诗唱了又唱，希望好像种下就可以结果的树，谁不爱？王昌龄更是其中翘楚，忠贞而热烈，天真而纯粹。信仰在前，任何人都是无畏而伟大的，更何况出身平凡的他，毫无顾虑，一心向前。

王昌龄在二十岁左右离开家乡，感觉一切都是新鲜的。学道学了一段时间，他觉得不好玩，然后便去了长安，可惜长安从来不是他的福地，他没有走科考之路，只停留了一段时间便离开了。而后他又去了河东并州、潞州，不过也是暂居。

王昌龄自视有才华，并不急迫，游游走走，寻找可以种下希望的大地，大约到了二十七岁，他又随着文人弃笔从戎的热潮，进入军幕来求得出仕之路。

兜兜转转，不过是少年的彷徨和迷茫，但是这在乐观基调上的寻求，倒也可供参考。

王昌龄踏上西行之路，去了边塞。过河陇，出玉门，看孤独人间，苍茫山海。

在那里，他写了最出名的两首诗，令人念出口，就好像站在大漠之上，丢掉悲凉，舍弃悲伤，唯有高昂的激情，在风中吹拂。

一是《出塞》：

秦时明月汉时关，万里长征人未还。

但使龙城飞将在，不教胡马度阴山。

二是《从军行》：

青海长云暗雪山，孤城遥望玉门关。

黄沙百战穿金甲，不破楼兰终不还。

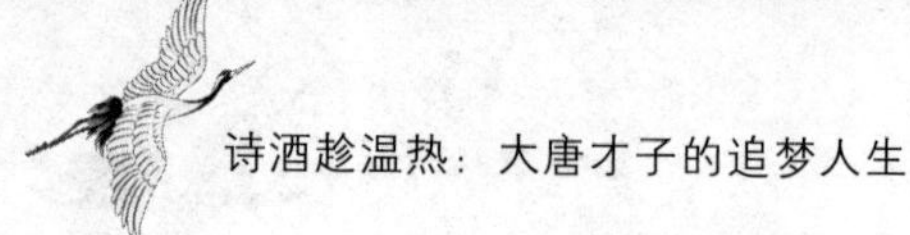

王昌龄眼里的世界是如此独特——细腻又辽阔。青色苍茫的边关，沾着血色的月亮，穿着金色铠甲的士兵，配白玉鞍的宝马，山间战鼓，匣盒宝刀，灰色浓云，还有不胜不还的将军。

这将军，是卫青，是万里的征人，还是他自己。他如此渴望成为这盛世的一道屏障，哪怕他的躯壳被堆砌在无数尸骨的长城上。

可惜，他只不过是一个不幸的浪子，失败的游子，这错误的出行，并未给他带来任何一种出仕成功的可能。

但是，这两年是他这一生中最闪耀的时光。喜怒哀乐，一一鲜活。这是一种怒放的生命的光亮。当时跟随军队历风沙、走战场、艰难前行的王昌龄，只不过是这场西行里再微小不过的一粒尘埃。他一个人的修行，无人赞同；一个人的求索，无人应答。那些希望还是那么遥远，那些在朝廷里衣冠楚楚行走的人啊，他连半个袖子也捉不到。

王昌龄失望而归。他走到西安扶风的时候，依旧还是不快乐。他的悲伤，总是要有一点儿衬托，悲风、落日，还有一个经历战场九死一生才归来的老人。

在《代扶风主人答》中写道：

幸逢休明代，寰宇静波澜。

老马思伏枥，长鸣力已殚。

少年与运会，何事发悲端。

天子初封禅，贤良刷羽翰。

三边悉如此，否泰亦须观。

盛世和平，战事不再。王昌龄的少年时代，正好经历了边境的五年之安，为什么要不开心呢，这个任用贤能的时代，你还有很多路可以走啊，世事需要变通啊！

好像一切都很光明，努力了就能有结果。

王昌龄便又开开心心地去参加科举考试了。为什么不呢？人生还很长啊，还有很多希望啊！但是，命运的玩笑最恶劣，因为你永远捉摸不透，在不知不觉中被迫妥协，无力反抗。

在这堪称难于上青天的唐朝科考中，王昌龄顺利地通过了，但换来的只不过是比县令还要低的官职。而终其一生，他在仕途中都不过是这样的匍匐前进，有时还会低到尘埃里。

王昌龄四十一岁时，因事获罪，被贬岭南。因为何事无人知道，但在王昌龄的《上李侍郎书》里可窥一斑，他天真地给权臣上书，建议其纳谏任贤。

于是，权臣抖了抖衣服的尘埃，像驱赶一只聒噪的虫子一样将王昌龄丢到了潮湿和阴冷处。又一年，王昌龄得到赦免回到长安。他回去的时候本来很开心，去了襄阳，见了好友孟浩然，结果孟浩然因为吃海鲜，旧疾复发而死。这好似是一个预

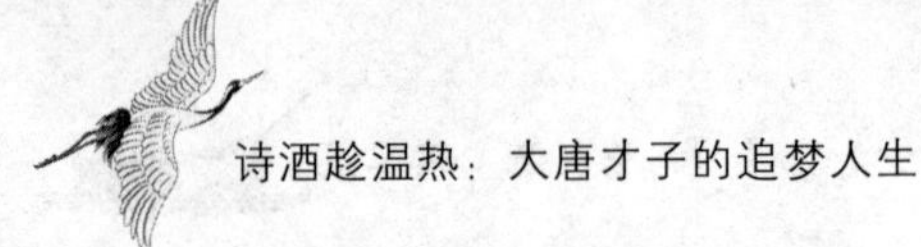

兆，悲歌的前调和着死亡轰然而来。

但王昌龄毫无知觉。他悲伤，但信仰还在，希望犹存，他还是一个凡人。

直到这年冬天，王昌龄四十二岁，又要远去做江宁丞。

希望好像一直在跟王昌龄开玩笑，让他总是抱着幻想，可最终换来的还是破灭。他被压迫，被榨取。但所有的一切，他都要独自去承受。

他这一生，什么坏事都没有做，为什么会遭遇这样的不公？无解，所有的痛苦、质疑和无奈，只能在酒里得到发泄。

他喝醉了，在洛阳待了半年，才拖拖拉拉地去江宁赴任。现实的残酷和内心的痛苦像两堵墙一样将他困在一隅之地，他忽然无措。他像个孩子一样任性地不去做事，在做江宁丞的时候去了浙江和太湖一带待了一段时间，不料引来世人的非议。

王昌龄去吴地送自己的好友辛渐去洛阳，作诗《芙蓉楼送辛渐》：

寒雨连江夜入吴，平明送客楚山孤。

洛阳亲友如相问，一片冰心在玉壶。

芙蓉楼上，凄风楚雨的夜，他终于要坦露出一点儿自己的脆弱，就像把一颗柔软而纯净的心拿出来给世人展露一样：“如果洛阳的朋友们询问我的情况，要告诉他们，我依旧同原来一样，纯洁而不被功名利禄所扰。”

不被所求所扰。王昌龄连诉衷情的时候都一如既往地坚决，好像总有一些东西是打不破的。

他的信仰重建了。他依旧悲伤难过，但仍然怀抱着希望，他试着接受和面对那些永远伺机摧毁他的东西，离乡，远行，诽谤，打压，怀才不遇，他的一生与主流世界背道而驰。

王昌龄在江宁一直待到五十一岁，很多年过去了，所有的情绪都沉淀下来，如同石子投入了湖中，再大的波澜在平静如水的日子里都被抹平了。

直到再次被贬到龙标，理由竟然是不注意小节，王昌龄才知道，曾经的那些波澜不是变成了沉默的古井，而是隐藏起来的暗流。

王昌龄再次启程。李白听闻他的事情，写了大名鼎鼎的《闻王昌龄左迁龙标遥有此寄》：

杨花落尽子规啼，闻道龙标过五溪。
我寄愁心与明月，随风直到夜郎西。

这是年老的王昌龄的一件乐事，很多很多的朋友和很多很多的认同，才给他一些行走的勇气。

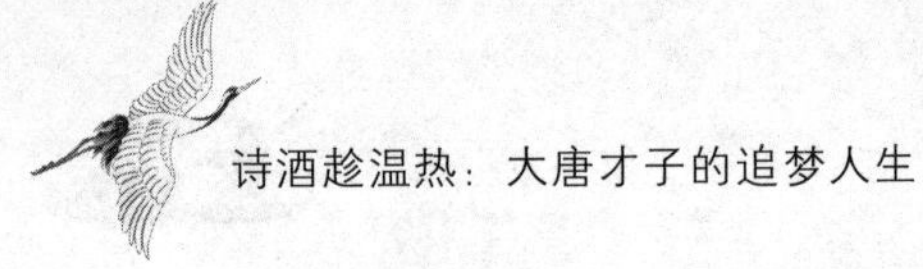

他真的不再年轻了，就像是无数走过很多岁月的人，变得缓慢，沉静，不再激情四射，也不再勇往直前。

丰茂的过往或许也有一点儿人生的意义，长一些枝叶，掉落下来，也是美而悠然的。更何况，王昌龄怀抱着太阳，他就永远都会灿烂，透出光，世人就会惊奇而赞叹。

王昌龄的一生，对他自己而言，无疑是失败而令人沮丧的。但他的诗却被人们铭记，大漠，寥阔，忧愁，冰心，盛世无他，却需要他所有信仰之下的七情六欲，供人们做成琥珀，流传万世。

王昌龄因为边塞诗而出名，甚至很多人都称他为边塞诗的先驱。但当歌女唱诵他的诗句时，无人能够理解他的很多荒诞和无趣。他只能寻清风明月，聊以自慰。他在《龙标野宴》里写道：

沅溪夏晚足凉风，春酒相携就竹丛。

莫道弦歌愁远谪，青山明月不曾空。

所有的美好都掩盖不了他的忧愁。

王昌龄就在这样的忧愁里又度过了八年。

五十九岁，王昌龄终于离开龙标，得以回乡。人生应该不会再差了吧，可是，王昌龄的人生永远都在坠落，只是某一段时间按下了暂停键而已。

王昌龄的坠落停止在他六十岁时。他在回乡的路上，经过亳州，被亳州刺史闾丘晓杀害，而最可能的原因是，闾丘晓嫉妒王昌龄的才华。

何其无辜，又何其有理！命运匍匐如蛇，总要送上致命一击。对王昌龄而言，他的死亡，也跟随着盛世的摇摇欲坠，安史之乱一起到来，然而他看不到，或许也是好的吧。

他清醒地死去。

或许，许多年后，他希望人们记住的，是他给人们留下的年少时的意气风发，是很多愁苦之后，依然存在心里的，对理想国的向往和一切美好事物的追求，是那个高喊“仗剑行千里”的鲜活的少年，到了那时，所有的人都会退开，为他让出一条道路，跟随着他，看从未看过的风景和从未走过的人生。

而当我们踩踏到死亡和破碎的太阳的碎片，我们或许会说：

信仰是一件坏事，热闹是他们的，你是你自己的。

信仰是一件好事，热闹是他们的，你是你自己的。

这就够了。

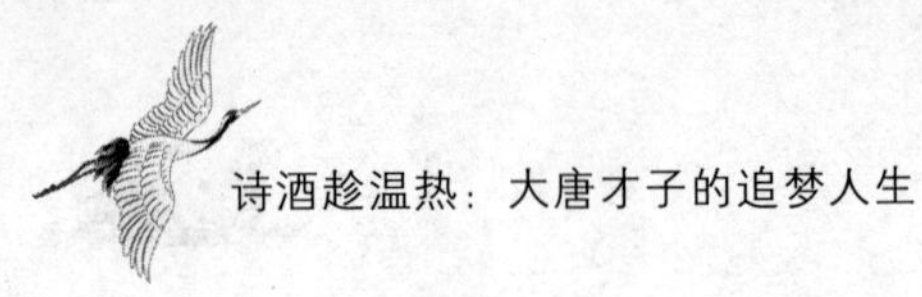

元稹：我无需解释

元稹是什么做的？

无穷的弯曲的路、沉默的锋利的刀，

和一往无前的风。

元稹就是由这些做成的。

天平军节度使令狐楚很是赏识张祜，于是向朝廷上书，推荐张祜，说些他很好很不错的话，然后附上张祜的诗。

那时张祜已颇有才名，皇帝拿到诗，也拜倒在那些诗句中。当时元稹正被皇帝赏识，春风得意之际，皇帝便问元稹的看法。

元稹答："张祜雕虫小巧，壮夫不为，若奖激太过，恐变陛下风教。”

自此，张祜一生不曾入仕。

元稹好像是充满恶意的，他站在那里，轻巧一句，便如同命运的摆锤，将那些还未买入的玩具砸碎。

一切文人不过是帝王的玩具罢了。

帝王的喜爱令他们存活。

让一个玩具去评价另一个玩具是否美丽，只能造成它的死亡。

文人相轻，好像就是这个道理。

更何况世代为官的元氏家族，永远流淌着寻求荣耀的梦想。

这场荣耀，是北魏宗室鲜卑族的血液，是家族世代为官的传承，是耳濡目染的教导，是那曾被赏赐的靖安坊的宅第，是苦苦支撑的门面。

元稹就出生在这场荣耀里，但这荣耀已经落魄。元氏那唯一的孤独的宅院，圈存着元稹最后的，也是永远的骄傲。他成长在这里，相融在这里。

元稹八岁的时候，他的父亲元宽去世。恰逢那时关中连年饥荒，而元氏一族从来只靠为官的俸禄生活，并不像其他大族，会购置田产令自己壮大。这种自绝退路的家风，令元氏在这场灾难中备受打击，元稹的母亲甚至想要变卖宅院，来维持元宽去世的尊严。

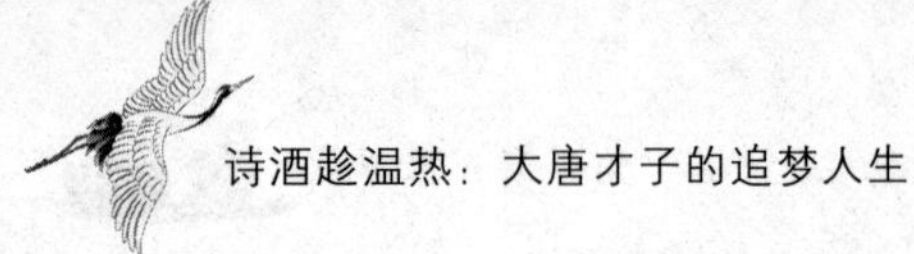

他们如同穿着华丽夏装的贵族，站在寒风凛冽的冬日。

元家甚至要变卖家奴来换取食物。

这场不体面的闹剧结束后，元稹被母亲领回娘家养育。

从此，元稹的童年远离那座世代依存的宅院，但那落寞的孤独的影子，却在他的心底烙下不可磨灭的印记。

为了尽快摆脱贫穷困顿之境，元稹十五岁选择投考相对容易的明经科，而非进士科。

无人知晓他背负了多少期待，家族与母亲，就在他的肩头。

及第之后，他也没有官职，于是，读诗、写诗。

这大抵是他一生中最惬意的时光了。

元稹在《菊花》里写道：

秋丛绕舍似陶家，遍绕篱边日渐斜。

不是花中偏爱菊，此花开尽更无花。

我不是偏爱菊花，而是因为自它开后再无花。

这让元稹透露出那么一点儿少年的小倔强，再是喜爱，也另辟蹊径地夸赞。

但另辟蹊径，从不可明志。

这或许是他命运的声明。

元稹这样过了几年，后来寓居蒲州，初仕河中府。

虽然通过容易的明经科入仕，但是元稹自觉仕途之路从初始便软弱无力。

于是，二十三岁的元稹去长安参加进士科考，参加两次，终于有了结果。

元稹二十五岁那年的春天，是久违的明媚。他任校书郎，不久之后便娶了监察御史韦夏卿的女儿韦丛为妻。

可谓春风得意。

第二年九月，元稹随便讲给友人一个爱情故事《莺莺传》，后来被改写为《西厢记》，广为流传。

二十八岁，元稹和他的好友白居易又一次参加考试，元白同时及第，元稹为第一，被授予左拾遗。自此，十年青春，元稹终于触碰到官场之门。

门打开，才是恶意袭来之时。

元稹锋芒毕露，一上任就接二连三地上疏奏章。他从重视给皇子选择保傅这样的议题开始，一直论到西北边事的大政，他好像不知道什么是隐藏，旗帜鲜明地支持当时还是监察御史的裴度，支持对朝中权幸的抨击。

元稹这样的行为，吸引了皇帝，也触犯了权贵。

二十八岁，元稹被贬为河南尉。不久，母亲去世，元稹在家守孝三年。

元稹好像永远在争斗，也永远在失败。

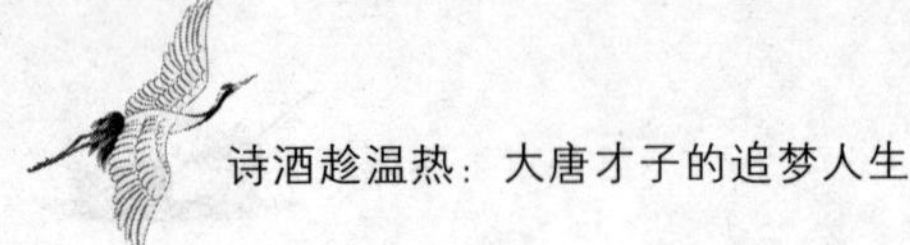

命运非黑即白，恶意无处不在。

但是元稹永远不服。

三十一岁，元稹被提拔为监察御史。同年春，他奉命出使剑南东川。

元稹再入官场。

他乘风破浪，登上岛屿，自然如同一个勇士，想要斩杀所有鬼怪。

元稹整顿法务，大胆弹劾不法官员。他永远不会曲折前行。

他好像永远无所顾忌，似是无欲无求的僧人，一生只为慈悲。

但他又永远欲望满身，为人间，为众生。

元稹如同一柄传世的剑，锋利、痛苦，一旦出鞘，总有鲜血献祭。

元稹平反了很多冤案，同时也触动了很多其他人的利益。盘根错节的大树发出怒吼，驱赶元稹，将元稹外遣。

元稹不为所动。

直到他的妻子韦丛离世，他才露出柔情万千。

他在《遣悲怀三首》其二中写道：

昔日戏言身后意，今朝都到眼前来。

衣裳已施行看尽，针线犹存未忍开。

尚想旧情怜婢仆，也曾因梦送钱财。

诚知此恨人人有，贫贱夫妻百事哀。

这是悲伤万千。

这悲伤无处安放。

为什么命运如此不公？为什么我的妻子如此年轻便离我而去？为什么生离死别永存世间？

而就是在同年，所有历史的风都在说，那个最令元稹闻名的女子薛涛出现，他们相恋三个月，然后元稹潇洒离开。

而后这阵风愈演愈烈。追根溯源，这一情节最初出现在《云溪友议》，一本以记载异闻野史的唐代笔记小说。

孰真孰假，无人辨别，只见浪漫情事，便一拥而上，大肆宣扬。

一边深情款款，一边悲痛不已，流言席卷，元稹就站在其中，横眉冷对。

何为恨，何为爱，何为恶意，何为友善，元稹不曾回答，他只向前，做原来的事。

第二年，元稹弹劾河南尹房氏的不法事，没有等来天网恢恢、疏而不漏的戏码，倒好像是元稹的错，是元稹无差别地攻击了这房玄龄的后辈。最终元稹因越级办理而被罚俸禄，然后被召回长安。

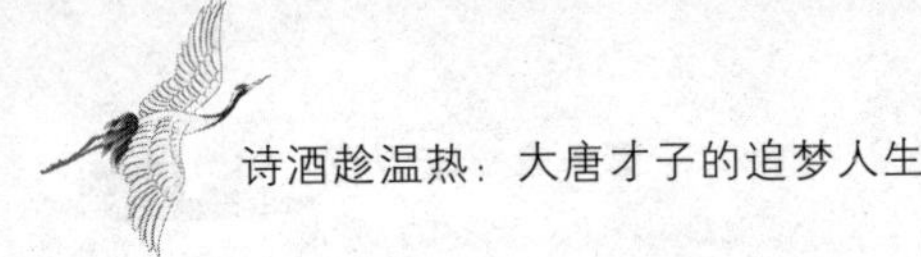

元稹风尘仆仆地回去。路途中，宿在驿馆的上厅。就是这样一个普通的夜晚，一件普通的事情，失意的元稹却被命运鞭打、辱骂，从此十年困顿，十年流浪。

起因正是这个上厅，也是这个混沌的大唐。这个普通的夜晚，小小的驿馆不仅有元稹，还有宦官仇士良和刘士元。他们也想住上厅。若是寻常，御史和中官，谁先到就谁来住上厅。但是失势的元稹，就像是脱下铠甲的将军，而作为皇帝近臣的宦官们却洋洋得意，于是元稹被谩骂，甚至被马鞭抽打，他的道理微如尘土，他的正义不堪一击，到头来，只是让天下人看可笑事。

元稹被鞭打得流血，然后满身伤痕地被驱逐出了上厅。

他们讥笑、嘲讽，看他的落魄，看他的屈辱。

元稹不知所恨。

然而这件事，最后还是元稹的错，皇帝以元稹没有臣子的得体行径为由，将元稹贬去了江陵。

元稹在江陵待了五年。三十七岁那年冬天，元稹被召回朝，好像又有了一些被任用的希望。

在路途中，元稹留诗给同他境遇相同的刘禹锡和柳宗元，因为他们都被从远方召回，于是，这就好像是几个流浪诗人一起聚在冬天的黑夜里，做了一个浪漫的、温暖的，值得期待的梦。

到达京城，元稹又一次同好友白居易诗酒唱和，这才是人间好颜色。

好像很多年前的屈辱随着时间不见了踪影，只剩下美丽的等待。

但这梦是渴望，亦是虚无。

元稹想要编纂的诗集还未完成，便又和友人分别，他同刘、柳三人，再一次被流放远方，或许流浪才是宿命。

正月来，三月走。

元稹此去，是偏远的通州。

元稹在写给白居易的《酬乐天得微之诗知通州事因成四首》其三里说：

哭鸟昼飞人少见，伥魂夜啸虎行多。

满身沙虱无防处，独脚山魈不奈何。

甘受鬼神侵骨髓，常忧岐路处风波。

南歌未有东西分，敢唱沧浪一字歌。

虎蛇遍地，满身沙虱，毒气侵身，来路崎岖。

元稹好像坠入一个魑魅魍魉之地。这里贫穷、落后、荒蛮，元稹曾患上疟疾，几乎病死。

这年，白居易也同时被贬。白居易同元稹写诗，说，昨夜梦见你了。

元稹却回，我现在心神错乱，竟梦不到你。

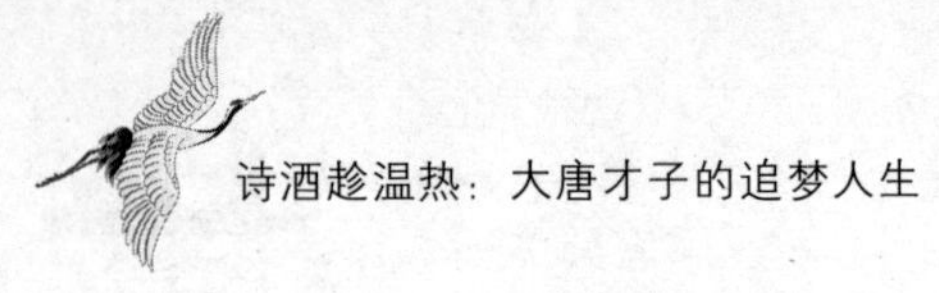

山水万重书断绝，念君怜我梦相闻。

我今因病魂颠倒，唯梦闲人不梦君。

——《酬乐天频梦微之》

竟然连梦中都无法如愿，无人可得其悲与苦。

但是又有什么关系呢？即使困顿、劳累、苦痛，他也不惧。

再一次从头来过吧，这里是他的战场，亦是他的人间。

他的政治理想永远都挂在天边，如明月，不能为帝王近，便躬身向人民。

元稹在通州留下了他的政绩。他整顿吏治，赏罚分明；他引导百姓除草开荒，发展农业，希望可以改变通州荒蛮之境；他还观察天气，希望可以风调雨顺，得丰收之年。元稹在政事上好像永远一往无前，他离开时，所有人都登高而望，目送天涯，甚至留下了“元九登高节”这一节日。

元稹在这时，已经脱离了政治上长期受压制的处境，离开通州时，他已经代理通州刺史一年有余。

元稹在外流浪十年，四十一岁时，又是冬天，元稹回到京城。

这回，天下又换了一个帝王。这个帝王喜爱元稹的诗歌，于是格外器重他。元稹迅速得到升迁。多年愿望，一夕获得。

四十三岁，元稹登上相位。

但是应该是命运的诅咒，元稹陷入党争，他被人诬告谋刺裴度，虽然后来查清事实，但是这使得元稹和裴度被同时罢相。

元稹去了同州，后来便是越州。他在任上时，兴修水利，发展农业，深得百姓爱戴。

五十一岁，元稹再次入朝为官，身居要职，大半生的挣扎、浮沉、欺辱与排挤，好像从未改变元稹。

元稹带着他的锐气，又一次横扫官场。

第二年，元稹就因为再次受到排挤，被迫出任武昌节度使。

五十三岁，元稹暴病死亡。

或许这样，元稹就不会听到后世的声音。他这锐气的一生，几乎无人知晓，因为对亡妻的悼念，对薛涛的赞美，以及他写的一场爱情小说，都足以让他永远成为一场爱情故事的主角，不论那些真实与否。

他好像也是那样地狭隘，嫉妒贤才，攀附宦官。

好像他的才华一无是处，他被鞭打的脊骨可以轻易弯下。

但那终究不是他。

那些偏见、侮辱和伤害，不过是他人生中恶意的荆棘。虽痛苦，不低头。

元稹永远横眉冷对：

我无需解释，姿态傲慢，请勿打扰。

我无需解释，如何成为我。

柳宗元：要么孤独，要么庸俗

柳宗元是什么做的？

巨大的欢呼、破碎的遗迹，

和长久的安静与落日余晖。

柳宗元就是由这些做成的。

三千尘世尽，飞鸟亡。

天地阔，独山，寡水，一人。

大雪纷飞。

老翁端坐孤舟，垂钓风和寂寥。

柳宗元垂钓孤独与诗篇。

千山鸟飞绝，万径人踪灭。

孤舟蓑笠翁，独钓寒江雪。

——《江雪》

天地白茫茫一片。

遮盖本心，遮盖情绪，遮盖世界与无耐。

只求一鱼。

柳宗元不再如鱼得水。

这一年，四十多岁的柳宗元被贬，他的朋友天涯散落，他的母亲永辞人世，他的政见束之高阁，他的永州天高路远。

离长安越远，就好似离唐朝越远，离曾经那场甜美的梦就越远。

柳宗元无能为力，只有记得。

在梦里，柳宗元是贵族。

这贵族不是说他有皇室血统，而是他是唐朝世家百年滋养出来的公子。

柳宗元的父族世代为官，这虽然难得，但也不足为奇，难得的是他的母亲也来自世代的官宦家族。柳宗元是世代官家的结合，他的命运，自出生之日起，便同唐朝共呼吸了。

唐朝，已经开始没落了。

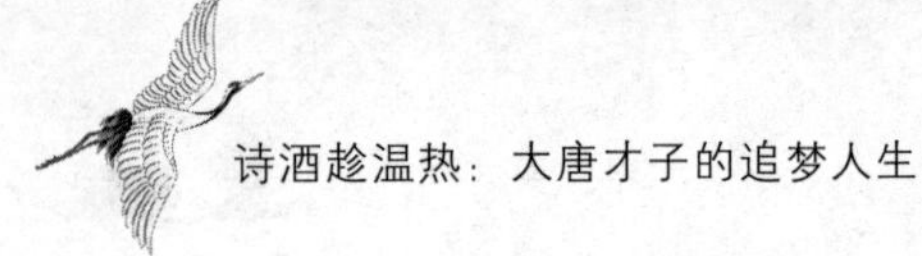

柳宗元对此一无所知。

柳宗元生于长安，同母亲卢氏住在京西庄园。他的幼年在长安度过，在母亲的谆谆教导下长大。

长安，是唐朝的美丽所在。如果在盛世，柳宗元大抵会长成贵公子，呼朋唤友，吟诗作对。但在此时，玻璃盒子已然破碎，那些碎片落在小朋友的脚边，令人心中惶然。

柳宗元九岁时，建中之乱起。

这是名副其实的藩镇之乱。藩镇势力割据，成德节度使亡，其子李惟岳希望可以实行藩镇传子，就是这样的嚣张，好似皇室贵胄在传承被分割的山河。那真正坐在百年皇位的唐德宗自然不允。

于是，战事起。

这场战事从柳宗元九岁时开始，一直到他十二岁结束。反反复复，被压制，然后不断有人叛乱，直至最后一年，以德宗被围奉天（今陕西乾县）一个月，被由宦官势力主导的神策军解救而告终。

这场可以被称为真实的荒谬的战事，显露出了唐朝的颓废。军事的铁蹄已经踏至权力集中的殿堂，帝王的臂膀被五花大绑，如同木偶。

没有人可以幸免于这场灾难，人们不得不接受这摇摇欲坠的世界。

十二岁的柳宗元，跟随父亲到任所的夏口，第二年，又随着父亲到江西。柳宗元跟随父亲宦游，他看到了更多的关于这个世界摇摇欲坠的证据。不再是书本上的文字，口口相传的谣言让他越来越困惑，而这困惑便是一种真实。

这真实在柳宗元的心脏里扎根，被带着回到了长安。

柳宗元二十岁开始了他的仕途之路。从乡贡到进士，然后进士及第，二十四岁任秘书省校书郎。二十六岁，参加博学宏词科考试，中榜，被授集贤殿书院正字。二十九岁，去到地方，变为正六品的蓝田尉。三十一岁，被调回长安，任检查御史里行。

柳宗元的十年官场是平顺而无阻的。他没有不得任用的郁郁寡欢，也没有无人帮助的窘境。官场世家出身，柳宗元如鱼得水。

柳宗元游得越深，游得越远，便看得越多，看得越清楚。他像淤泥里一尾灵活的鱼，再怎么甩尾，也弄得满身污迹。

而唐朝病了。

有的人就这样假寐，装作无事发生；有的人却想嘶吼，热血天真。

柳宗元不是天真，而是赤诚。他成为王叔文革新派的一员。他们反对藩镇割据、反对宦官专权，那些曾经是柳宗元童年的噩梦，今天仍旧要被拿出来，被抨击、被杀害。

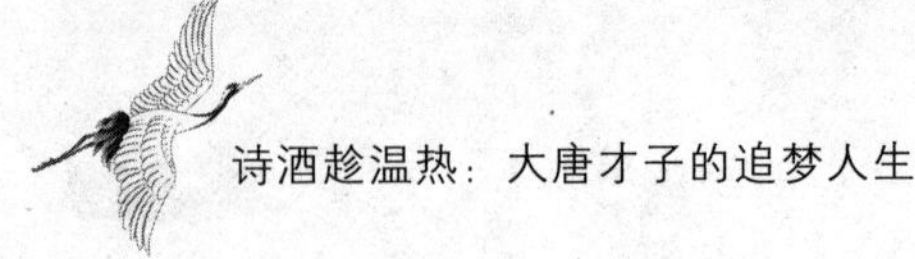

革新派蠢蠢欲动，等待时机。

柳宗元三十三岁，唐德宗亡，顺宗即位。顺宗重用王叔文，开始了轰轰烈烈的改革。

那应该是柳宗元一生中最色彩斑斓的日子。

不是因为被提拔、被重用，而是所有的梦想都将得以实现。皇帝和他年轻的臣子们仿佛大梦一场，自以为修复河山有望，谁知，那却是世人的痴想。

宦官势力不可能坐以待毙。他们不再是可以拯救帝王的神器，反而是枷锁，是图穷匕见的恶毒。

从一月开始的改革，四月便被宦官为首的俱文珍反击，他幽禁了顺宗，扶持太子上位。

自此，革新派天涯零落。

柳宗元去了永州。他看大雪白茫茫一片，只他一人。

柳宗元在永州待了十年。从三十三岁，一直到四十三岁。

他在那里写了很多诗歌，那里环境恶劣，但他从来不说，只说他居住在溪边。

他在溪居里说了很多胡话，自我宽慰也变得拙劣：

久为簪组累，幸此南夷谪。

闲依农圃邻，偶似山林客。

晓耕翻露草，夜榜响溪石。

来往不逢人，长歌楚天碧。

——《溪居》

柳宗元把自己说得像个每天种菜的隐士，碰不到庸俗之辈，独来独往，大声唱歌，自娱自乐。

但是他仍旧写了《捕蛇者说》，说社会的赋税之毒；写了《黔之驴》，讽刺那些远在长安的无能之辈；写了《永某氏之鼠》，讽刺那些丑陋猖獗的官僚。

柳宗元在永州饮酒，他说：

今夕少愉乐，起坐开清尊。

举觞酹先酒，为我驱忧烦。

——《饮酒》

清晨起来感觉无聊，那就开一瓶酒来喝喝吧。

他睡得少，读很多书。

幽沉谢世事，俛默窥唐虞。上下观古今，起伏千万途。

遇欣或自笑，感戚亦以吁。缥帙各舒散，前后互相逾。

瘴痾扰灵府，日与往昔殊。临文乍了了，彻卷兀若无。

竟夕谁与言，但与竹素俱。倦极更倒卧，熟寐乃一苏。

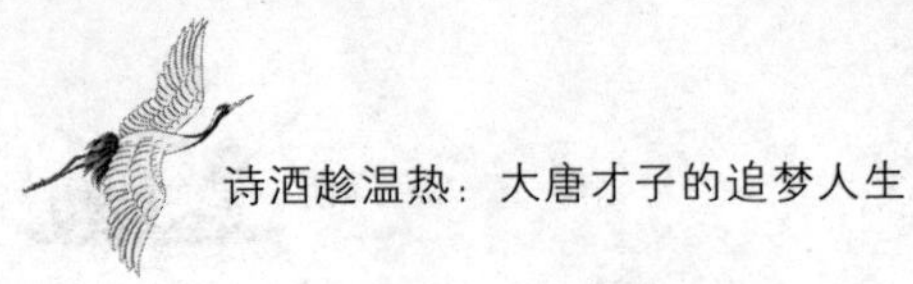

欠伸展肢体，吟咏心自愉。得意适其适，非愿为世儒。

道尽即闭口，萧散捐囚拘。巧者为我拙，智者为我愚。

书史足自悦，安用勤与劬。贵尔六尺躯，勿为名所驱。”

——《读书》

柳宗元看书，忽悲忽乐，但他说，读史书是为了自己快乐，可不要被名利所驱使。

越读书，越清醒。

他好像从来不是那庸俗之辈。

要么孤独，要么庸俗。

柳宗元四十三岁回到长安，被贬，四十七岁在去柳州的路上去世。他的梦想在三十三岁实现，又在三十三岁灭亡，其后数年，柳宗元的生活不过是苟延残喘，让我们看到了一个贵族跟随山河的跌落。

然而柳宗元从未随波逐流，他至死方休。

庸俗从不是错误，只是一群人的孤独。孤独也从不高贵，只是一人的坚守。

选择才重要。

柳宗元坚守自我，是高贵的人。

高适：自私的野花

高适是什么做的？

不断前行的马、战场上的剑，

和河流宁静的彼岸。

高适就是由这些做成的。

高适收到了一封来自狱中的信。

是来自高傲的大诗人李白的卑微求救信。

这一年，山河摇曳，浪漫至死，少年不再。

这一年，政治动乱，黑白不明，幼稚无它。

一个是高高在上讨伐叛军的将领，一个是可怜巴巴身在敌

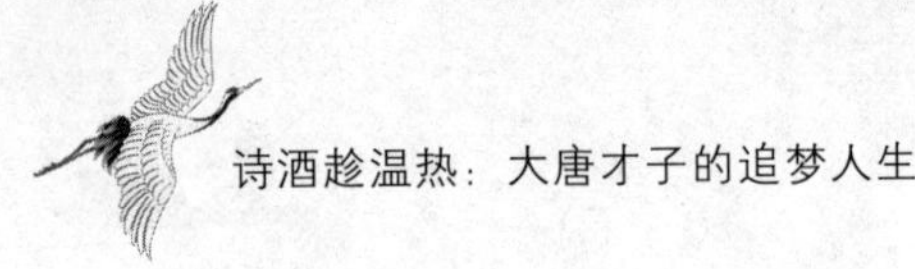

军的文人。

高适和李白，就站在河流的两侧，等待全天下的人看戏。

少时的情谊，文人的默契，幼稚的承诺和他人的期待，都在推着高适，让他伸出手，去拉一把那豪迈而浪漫、永远是“少年”的李白。因为他的诗句珍贵，他的情怀珍贵，他的幼稚珍贵，他的命运珍贵。

所以，高适的帮助好像理所当然，仿佛这样就能流传一段佳话，一段不知结果鲁莽的佳话。

高适开始接受道德的审判。

文人们都在看着他，那些带泪的诗句萦绕着他，那些祈求、怜悯日复一日地戳心挠肺。

高适全盘收下，高适无动于衷。

高适不曾伸出援手。

高适好像是自私的野花，只自顾自开着。

孔子说，五十而知天命。这一年，年少时的情谊已经远走，浪漫自由也显得可笑，半生潦倒的高适刚刚走上政治的康庄大道，理想的光辉开始闪闪发亮，他只想往前走，不想辜负自己一生中每一个坎坷的瞬间。

其实，高适也不是狭隘的小人。

高适的祖父高侃是初唐名将，父亲高崇文是韶州长史。

高适自小便有将门之后的豪迈和官宦世家的骄矜。他不是手无缚鸡之力的娇弱文人，也不是鲁莽蛮横的武人，他既豪迈果敢不拘小节，又聪慧睿智不流于世俗。

但是家世不是人一辈子遮风挡雨的城堡，荣耀会腐朽，只有未来可取。高适走自己的路，也走祖先的路，一生又一生的重复，像个轮回。

二十岁，高适向西走去，带着自己的天真。

二十岁，高适向京城走去，走去自己的人生。

二十岁，高适闯入官场，自以为是文武双全的将军，那公卿之位唾手可得。

但实际上，他连君王的面都不得见。

这时的唐朝，处于开元盛世。但是盛景之下，不是清白一片，而是影影绰绰。国家风教鼎盛，朝廷礼乐遍布，帝王只将宝物赐给近臣，布衣没有什么机会去面见那圣名的君主。

高适带着自己的书、剑高兴而来，失望而归。偌大的长安城，无人识得他；熙熙攘攘的官场上，无人愿分出眼神给他。

高适离开长安，客居宋城，一住就是八年。

高适在宋城种田垂钓，贫困但不潦倒。二十岁到二十八岁，日复一日，少年气却从未被磨灭。高适希望朝廷能看到他，希望自己能像姜太公一样有朝一日被重用。可他又不是那种心浮气躁的人，他心甘情愿地种地，一边维持生计一边心怀梦想。

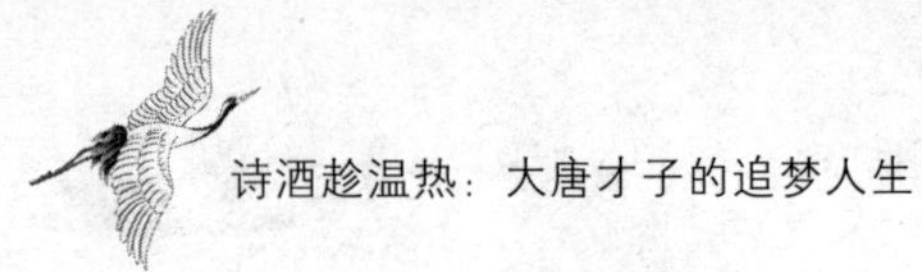

高适贫穷又豪迈。

他也不是那种怨天尤人的人，他和友人弹琴下棋，纵情高歌，看那美丽的春天拂过他们的人生。

八年时光已过，高适不再等待，他和自己的友人韦参军告别，作诗《别韦参军》（节选）：

世人向我同众人，唯君于我最相亲。

且喜百年见交态，未尝一日辞家贫。

弹棋击筑白日晚，纵酒高歌杨柳春。

欢娱未尽分散去，使我惆怅惊心神。

丈夫不作儿女别，临岐涕泪沾衣巾。

高适在诗中说："感谢你对我的帮助，你从未借口自己家中贫困而拒绝我。我们快乐的日子还来不及品味，朋友，再见啦，不要挥洒热泪，不要惆怅神伤。"

高适第一次奔赴边塞，北上燕赵进行游历。

高适想要在边塞之地，在节度使手下谋求一官半职，成为他们的幕僚，借此安邦定国，走上仕途。

高适随军辗转，看了很多没有看过的风景。

看过空旷高远的苍穹中，无尽的沙被风席卷成雾；听过黑暗里的厮杀声，在宁静的月光下变得喑哑；感受过雪天里的寒冷，四下暗淡无光，紧闭的城门在沙漠中显得非常渺小；还有食客们聚集在一起，庸庸碌碌挤满人生和理想。

高适随军逐利，看了太多没有见过的现实。

军队回来时报告打了胜仗，但后面逃回的骑兵却说出了战败的实情；那些战死边疆的战士永远不能回到故乡了，受到恩宠的兵败将领却回到了长安。

边塞之况，黑暗至极。

最是应该团结、忠诚、勇敢的一队人，却充斥着铜臭、虚伪与奢靡。

高适清楚地看到了这盛世中的混沌一角，他一脚踏进，满身泥淖。

高适无法在这样的地方存活下去。

高适在边塞待了三年，再一次告别友人，告别同他一起做幕僚的王十七，作诗《赠别王十七管记》：

相逢季冬月，怅望穷海裔。
折剑留赠人，严装遂云迈。
我行将悠缅，及此还羁滞。
曾非济代谋，且有临深诫。
随波混清浊，与物同丑丽。
眇忆青岩栖，宁忘褐衣拜。

高适又一次感谢自己的友人，他夸赞王十七品德和才华都很棒，对待朋友永远热情，有安定边塞的好计策。高适也想做这样的人，他说："我们相逢在冬天里，都那么惆怅地望着远方的海。现在我们将离别，赠送我的剑给你，陪你去远方，愿你可以如同大鹏一样展翅高飞。"

而高适自己呢？他说："我忽然想沉寂在那青岩之间，随着波浪或清或浊，随着物体或美或丑。"

高适有些疲倦了，他要回家。

但是高适真的会就此沉寂下去吗？当然不会。返程的第二年，三十二岁的高适就参加了唐玄宗下诏选拔人才的考试。如果被选中，就真的是天子门生了，可惜，高适没被选中。

三十三岁，高适离开长安，在淇上建了一所别业隐居起来。

唉，歇歇吧。

高适写诗《淇上别业》：

依依西山下，别业桑林边。

庭鸭喜多雨，邻鸡知暮天。

野人种秋菜，古老开原田。

且向世情远，吾今聊自然。

高适就住在西山脚下，旁边有一大片桑林。雨天可以听到一群鸭子嘎嘎嘎地闹腾，每天早上邻居的鸡都会报晓。有老人开垦农田，种种菜，高适大抵也是他们中的一员。他就这样生活着，停下来歇一歇，尽量不去想那些人情世故。

但是高适还是会想国家，想理想，想金戈铁马，想山河永安。

三十五岁，高适在返回宋城的路上，收到从边塞回来的人的诗，听说因为那些骄傲的将领使得战事失利，无数士兵死亡。高适感慨，写了著名的《燕歌行》去应和：

汉家烟尘在东北，汉将辞家破残贼。
男儿本自重横行，天子非常赐颜色。
摐金伐鼓下榆关，旌旆逶迤碣石间。
校尉羽书飞瀚海，单于猎火照狼山。
山川萧条极边土，胡骑凭陵杂风雨。
战士军前半死生，美人帐下犹歌舞。
大漠穷秋塞草腓，孤城落日斗兵稀。
身当恩遇常轻敌，力尽关山未解围。
铁衣远戍辛勤久，玉箸应啼别离后。
少妇城南欲断肠，征人蓟北空回首。
边庭飘飖那可度，绝域苍茫更何有。

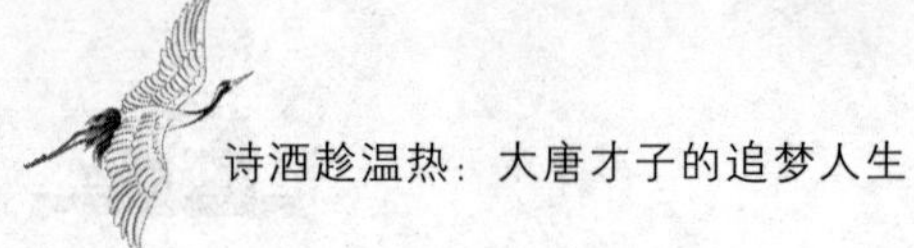

杀气三时作阵云，寒声一夜传刁斗。

相看白刃血纷纷，死节从来岂顾勋。

君不见沙场征战苦，至今犹忆李将军。

高适一鼓作气，写下这慷慨之作，如下了一场倾盆大雨，好不痛快，又好不哀伤。

那些离家的将领，被赏赐的战士，在旌旗摇曳中，在声声战鼓中，奋勇上战场。营帐中美人们唱歌跳舞，沙漠上草木凋零，人烟渐少。因为将领的轻敌，越来越多的战士倒下，兵甲被刺破，最终不能突破敌人的包围，独留远处的家人伤心欲绝。

不管是因为家世，还是因为经历，边塞战事好像永远牵动着高适的心。边塞诗人高适不仅仅是看一下，感受一下，而是用心在其中，或许成为好的将领比成为一个好的文人更重要。

高适的其后十年，长居宋城，不时地出去游历。他看得越多，好像越有悲天悯人之心，但他不做菩萨，也不做圣人，他身处贫贱之地，只做自私的自己。

四十一岁，高适在宋城遇到李白和杜甫，他们同游梁园，这是文坛的一大盛事。他们喝酒写诗谈理想，他们是那么相同，又是那么不同。这场相遇，于李白而言，是又一场浪漫的经历；于杜甫而言，是追星之旅；对高适来说，就是一次友人同游罢了。

李白于唐朝而言，是诗名远扬的仙子；李白于高适而言，不过是一段好时光。高适称赞过李白的风姿，但李白不是韦参军，不是王十七，也不是几年后高适遇到的董大。

高适在《别董大》里写道：

千里黄云白日曛，北风吹雁雪纷纷。

莫愁前路无知己，天下谁人不识君？

那时高适贫困交加，甚至出不起酒钱。但是他依旧豪迈地为知己送行，他说：“凭着你的才华会有谁不尊敬你呢？”

李白从不在他的知己行列。

三个人重逢，又分别。

李白依旧行浪漫路，杜甫走人间道，高适一步不错地登仕途山，求将军令。

四十六岁，高适终于被推荐，获得了一个小小的封丘尉的职务。高适出使蓟北，不过是又一次看到因为平庸的将领而耽误战事，只恨报国无门。

十年了，曾经在《燕歌行》里写下的战场，好像永远凝固在那里，停滞不前。士兵们一次又一次地上前，一次又一次地失败，因为没有好的将领、统帅。

十年了，高适也仍旧被困在停滞不前的人生里，但是他的

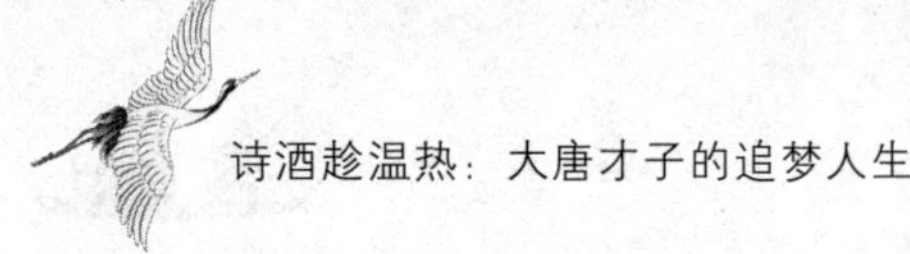

理想好似越来越清晰了。年少的时候，想要在帝王面前显露自己的才华，居公卿之位。后来去往边塞，想要做幕僚，出计谋，走上仕途。再后来，他看了太多的战事，他想成为好的将领。如果不能成为一个好的将领，那就跟随一个好的将领。

四十九岁，高适去往凉州，成为河西节度使哥舒翰的下属。

哥舒翰是名将，曾在与吐蕃的交战中打败敌军。高适自此跟随哥舒翰，官运逆转。安史之乱爆发后，哥舒翰病中受命，率领唐军驻守潼关，而后，高适也被派去辅佐哥舒翰。

这是高适真正经历的一场山河抢夺战。

他不再是一个路过的小人物，也不是一个道听途说的无名者，他是站在主帅旁边的朝廷大臣，不能逃，也不能退。一次又一次的攻击，一次又一次的固守，高适听惯了沙场的嘶吼、哀嚎、战鼓的隆隆作响。这一场又一次的拼杀，如同一场又一场的暴风雪，飘落在唐朝摇摇欲坠的屋檐上。

风霜雪雨，高适真正地走过了。

这一场潼关守卫战，拉锯半年，帝王不懂什么用兵之道，催促哥舒翰出关与叛军决战，因为不是好时机，等来的是兵败，唐玄宗败走西南。高适从战败的战场上逃出，本想着招募敢死队反击叛军，但是帝王早就落荒而逃，高适无奈，只好跟随去往成都的大部队。

这一年，高适五十三岁。他身上的文人气质逐渐减弱，将帅风范却如影随形。

高适在一众文臣中显露无遗。

唐朝的屋檐真的被叛军掀翻了，不得不另立炉灶。衰弱的唐玄宗将兵权分给皇子们，期望能够收回破碎的江山。

其后即位的唐肃宗当然不能忍受兵权分立的境况，其中想要占据江东地区的永王最为猖狂，于是高适成为淮南节度使，成为他想要成为的将领，成为他想要成为的公卿，奉命讨伐永王。

永王之乱，两个月便被肃清，其中夹杂着的一个政治“稚子”——李白，稀里糊涂地被关进了监狱。

因此，高适收到了来自狱中的信。

高适开始接受道德的审判。

所有人都在等待高适开启一段文坛传奇，拯救那位文坛巨匠。

但他们是那样的对立。

政治上，一个幼稚可笑，一个成熟老练；人生上，一个自由浪漫，一个不断向前；信仰上，一个求仙问道，一个仗剑四顾。

他们除了在文学上是朋友，其他再无可能。

高适半生穷困，一朝为臣，真的应该鲁莽地向李白伸出援手吗？他真的应该冒着失去官位、放弃理想的危险而成就佳话吗？

高适看过太多生命的流逝，真的谁比谁高贵吗？

自私的野花，无人可以苛责你。

因为站在道德高地上的人，也站在自我的洼地中。

高适不曾拯救李白，他是沉默的。

这种文人情谊已无法牵绊他，因为他从不像某些书生，只知道在家中伤怀、咏叹。他永远付出行动。不久后，高适便受命讨伐安史之乱的叛贼，又一次投身战场。自此，高适受帝王重用，其后八年，直到死亡，高适都功名显赫，如大鹏展翅，封侯封将。

野花，自顾自开着，也自成山坡烂漫，从不在意他人目光。

高适真的成了他想要成为的人，而那些想要用文人情谊对他进行道德绑架的恶意中伤，则变得不那么重要了。

第二章　理想国

苦难为何？

生命为何？

人为什么活着？

活着的意义又在哪儿？

人生本无相，苦难亦寻常。

『波澜誓不起，妾心古井水。』

李贺：孤独又灿烂的神

李贺是什么做的？

死亡的时光鱼鳞、未过的巫山，

以及有关悲伤的一切。

李贺就是由这些做成的。

敢于直面一切懦弱和伤痛，才是人间利器。

秋天来的时候，李贺说，好像他的躯体也开始衰老了。漫天的落叶，枯黄的花朵，冰冷的雨水和变换的四季，似乎也在他的五脏六腑里凋零着、腐朽着、拍打着和流逝着。

他好像已经是个历经沧桑的老人了。他不要应该和寻常，

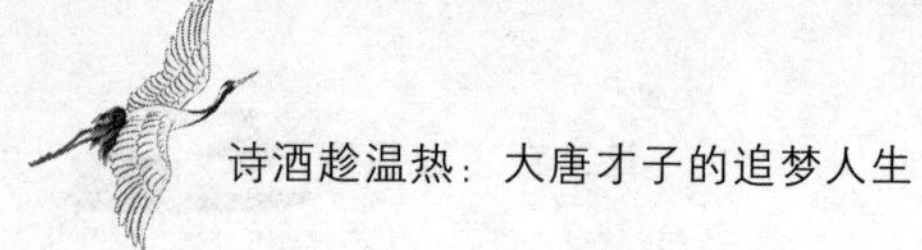

不需躲避和隐藏。今夜，他不关心人类，看着灯枯油尽和灰墙旧砖，他两手空空，悲痛时握不住一滴眼泪。

而李贺不过是个二十多岁的青年。

他多病而瘦弱，衣衫不整，披头散发，卧在床上学那上下求索的屈原，忧愤深广地哀怨长吟，一句又一句地喃喃自语，念那些愁苦的诗句。他好像一个唠唠叨叨的怨妇，又似大彻大悟的疯子，他念着不过瘾，还要挥挥洒洒地写下《伤心行》来表心意：

咽咽学楚吟，病骨伤幽素。

秋姿白发生，木叶啼风雨。

灯青兰膏歇，落照飞蛾舞。

古壁生凝尘，羁魂梦中语。

今夜，他只围猎自我。

李贺向自己拔刀。他剥去人类懦弱的外壳，不欺骗，不伪装，如此直白地陈述自己的愁苦与不幸，像一颗经历风吹雨打已经成熟的果实，赤裸地露出自己的虫洞和疤痕。

在短暂的人生和坎坷的仕途中，李贺已经习惯尝到光鲜表面下苦涩的味道。

李贺有一个听起来很光鲜的出身——李唐宗室，这也不过是听起来罢了。虽然李贺自称“唐诸王孙李长吉”，听起来像是一个炫耀毛皮的小动物，但这除了给他的诗词提供了一些可供着墨的修饰和浪漫的色彩外，实无半分用处。李贺的先人虽然同唐高祖李渊有些亲戚关系，但过了百年，这点儿金色血脉已经所剩无几。

他就像是一个穿着貂皮大衣的人走在炎炎夏日里，而毛皮还是劣质而脏乱的，连卖钱也不能。

李贺家道衰落，家境贫寒，这已是不争的事实。他无奈离开家乡远行只是为了最简单的衣食之欲。

仕途之路对他来说不只是一种要改变社会的理想，更是一种成全自己的需求。更何况李贺有惊人之才，学而优则仕，在当时是再正常不过的事情。

李贺有少年故事，被称作文坛盛事，无非是七岁能作诗之类的坊间段子，但这段子再缥缈，也总是有根据的，所以，李贺十五岁就声名远扬，不是没有缘由的。

所有诗人里，李贺是最独特的那一个。

他不好看，少时一场大病令他“细瘦，通眉，长指爪”；他命不好，父亲李晋肃稍得升迁便去世了。但这些好似讲故事的黑夜，日落了，安静了，黑色的面纱朦胧，叹息和惊讶一同涌上人心，只让他更令人着迷。

所有的困苦都无法囚禁李贺的文字。

他骑着瘦驴，勾魂摄魄般，在山水里勾文索句，只有在这时，他才是孤独而强大的，他沉浸在另一个世界里，不可自拔。他踢踢踏踏地走，就是要亲自触碰这个真实的世界，而后再化为一个又一个精怪魂魄，在纸上，在天上，在无穷无尽的想象里。

李贺走到哪儿算哪儿，任由思绪纷飞，有了灵感，写下来，便将其投入一个大大的锦囊之中。傍晚，回了家，他也不休息，而是焚膏继晷。他将记录下来的灵感一点儿一点儿地整理，就像是一个睥睨天下的将军训练自己手下成千上万的士兵，而士兵又无限地听命于他。

他的母亲说："我的孩子是要将心血都吐出来才为止啊！"

李贺依旧我行我素。这是他贫瘠生活的唯一慰藉。

十八岁，李贺挥别艰苦的家乡，开始艰难的求仕之旅。

长安的街道蜿蜒曲折，人际关系和街道一般错综复杂。那里太光耀，夜间也灯火通明，如金子般闪亮的人才林林总总地堆在一起，像最普通的瓷瓶等待挑拣。

李贺需要有人来拉他一把，把他的花瓶扫扫干净，现出精致漂亮的纹路。

李贺先是去洛阳拜访了当时有名望有官职的韩愈，为其呈上他的诗卷，赤裸裸地推荐自己，将才华悉数展露。那诗卷的卷首，就是一首耳熟能详的著名诗篇《雁门太守行》：

黑云压城城欲摧，甲光向日金鳞开。

角声满天秋色里，塞上燕脂凝夜紫。

半卷红旗临易水，霜重鼓寒声不起。

报君黄金台上意，提携玉龙为君死。

城低，浓密黑云铺满天际，低沉地好像要掉落下来，在那最后一角阳光下夺目的铠甲像金色的鱼鳞一样，大块的黑与小片的金重叠错落，形成绝妙的色彩奇观。而塞上血色的泥土在夜中凝为浓重的紫，极致的残酷和凄绝的美丽拼凑碰撞，诡谲之间，风起云涌。

在这样的战场之上，旗帜半卷，鼓声沉闷，但李贺说，他愿意手持玉龙宝剑，为君王而死。

投赠之诗很多，有才华的人将其送出，让有声望名气的人看到，让其将自己推荐给君王，是古代许多文人的一条常见的求仕途径。但这样豪迈而壮阔的直白却很少见。

李贺懂世故，知礼貌，韩愈记住了他。

韩愈和皇甫湜专门去回访他，想考考他的才学。初出茅庐的李贺当即写下了《高轩过》。

李贺夸人都是直接而干脆的，而他的文笔又浪漫而美丽，有谁敌得过他的“糖衣炮弹”？

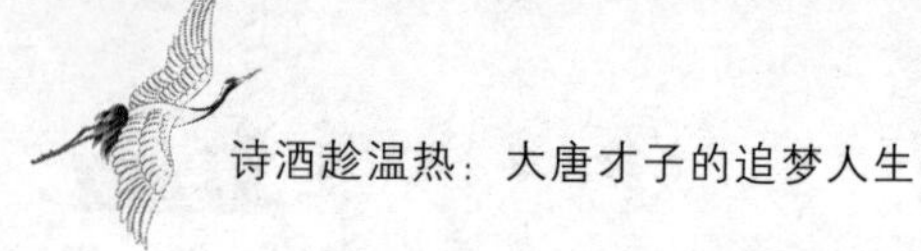

“高大华贵的马车上走下器宇轩昂的大人，二十八宿的才气都在他们的胸中，天地精华他们都能融会贯通。我这棵枯草，希望能遇上如春风般的大人们，定能焕然一新起来。”

李贺不遗余力。

应酬诗历史上有太多，难得的是，李贺将其写得这样曼妙而富有才华，谁听了不快乐呢？

本来接下来的一切就顺利了，仕途没什么阻碍了，李贺的父亲却在他离开家乡没多久就去世了。李贺的同龄人都去考取功名，而他只能服丧三年，漫漫等待。三年之后，韩愈给他寄了书信，建议他去考进士。

这一年李贺二十一岁。李贺考了府试，通过了，得到了去长安考进士的资格。结果有人嫉妒他的才能，说进士的“进”字同李贺父亲的名字晋肃的“晋”字同音，应该避讳，他如果参加考试，就是不孝，结果连试院的门都不让他进。

何其无辜！

就连韩愈都辩解说：“难道你父亲的名讳里有‘仁’字，你就不配为人了吗？”

何其荒谬！

可惜这样的避讳由来已久，李贺竟然因为这样的原因与科考终身无缘，什么才华，什么努力，什么希望，统统无用，都被一脚踩碎，不容反驳。

李贺忧愤离去。

偌大长安，无处容身，他落魄、心伤。

李贺尝到所有失意文人所尝到的人生滋味。贫穷，潦倒，落魄，奔波，劳碌，遭妒，怀才不遇。人间最大的恶意，他都一一体会。

李贺无法承受这些。他太纯粹，写诗纯粹，夸赞纯粹，伤心也纯粹。他不知道躲避，所以才被屡屡中伤，沉闷困顿。

没有一件好事可以让他快乐。那么，为什么不能让时间快一些，再快一些，这日复一日的惨淡，没有什么可以留恋的。

所以李贺早衰，他白了头，生了病，还要喝酒，他大喊："我有迷魂招不得，雄鸡一声天下白。"雄鸡一叫，天下大亮，人间都要觉醒，但他的魂魄还丢失在夜里，丢失在他的执念里。

李贺自家乡去而复返，因为父辈，他失去了公平竞争的科考机会，又因此获得荫庇。才华无用，那一点儿金色血脉却给了他一个名为奉礼郎的从九品官职，一个小得不能再小的芝麻官。

怪谁，怨谁，还是谢谁，念谁？想想可笑至极，不如不想。

李贺返回长安待了三年。长安太人间，又太梦幻，身侧行走三人，皆披人皮，藏在其下，牛鬼蛇神，不得而知。

李贺见了太多黑暗的现实，帝王的荒诞，权贵的骄奢，宦官的乱政，污吏的贪婪，人民的穷苦，他们的面目，或狰狞如蛇如狼，或凄惨似狗似猫，他满目所见，不过动物世界罢了。

周围熙熙攘攘，皆为异类，生而为人，李贺痛苦万分。

长安，如一座偌大的牢笼，李贺被丢弃在这里，无人可识，他在这样的囚禁中越来越失望，也越来越清醒。

现实无望，李贺只能保持自我。在这期间，他写了很多诗，他的诗就像是一册魔幻现实录。

这里有烟雾缭绕清波摇荡的歌宴，腰间戴着冰冷玉佩的骄奢贵公子摇曳其中；有食人魂魄雪中断骨的世界，恶犬来势汹汹总要舔舐佩戴兰花的清高过客；还有命令羲和敲着太阳开道的傲慢秦王，酒到兴头连月亮都要退行。

是魔幻吗，是现实吗？这世界如此黑白颠倒，李贺的文字诡谲奇异便也不奇怪了。

写着写着，李贺的心老了。

李贺说，“长安有男儿，二十心已朽。”他觉得自己憔悴如狗，太无奈。

李贺二十四岁，还是一个芝麻小官，他的仕途好像就这样了，无名无功，升迁无望。他的妻子病亡后，他更加哀痛，因病而辞去官职。

他独自出了长安，在途中写了《金铜仙人辞汉歌》：

茂陵刘郎秋风客，夜闻马嘶晓无迹。

画栏桂树悬秋香，三十六宫土花碧。

魏官牵车指千里，东关酸风射眸子。

空将汉月出宫门，忆君清泪如铅水。

衰兰送客咸阳道，天若有情天亦老。

携盘独出月荒凉，渭城已远波声小。

那些曾经朝朝暮暮立在汉朝帝王殿前的金色铜人啊，因为朝代更迭而被拉到千里之外的异地，也要留下如铅水般的泪滴。那他呢，看多这是非黑白，人间种种，历经了这坎坷仕途，无情打压，难道会不悲伤吗？

他说："天若有情天亦老。"

上天如果有感情，也会因为悲伤而变得衰老。

李贺的情感直接而浓烈，他的衰老就好像同万事万物的凋零一样自然，连上天都会望而生畏。

李贺正在走向自己的暮年。

他在《苦昼短》里说："飞光飞光，劝尔一杯酒。吾不识青天高，黄地厚。唯见月寒日暖，来煎人寿。"他给飞逝的时光倒酒，说自己不知天高地厚，只见时间煎熬着人的寿命。

离开长安后的李贺又去了南边，想找些出头的机会，但是并未有半点儿起色。随后他又经洛阳、长安，回到了家乡昌谷，而没过多久，他又在秋天到了潞州。晃晃荡荡地走了一年，终于，李贺在这里停了下来。

天荒地老无人识，走到哪里都如此。

他走累了，是时候停下来了。

他体面地挣扎着，想着走参军的路，建功立业。经过好友张彻的举荐，他在节度使郗士美的手下做一个没有什么前途的幕僚。这时的唐朝，已经开始显露出破败的征兆，地方割据势力纵横，偌大的江山如同一块华丽的绸缎，谁都想要分一分。他没有机会再为这破败增添一些缓冲剂。

同时，李贺也在体面地走向死亡。

成年人因为世俗而为自己罩上一个壳，这使得他们既懦弱又坚强。而李贺没有壳，他所有的情绪都来得直白而原始，所以他受的伤害也直接而残酷。他拯救着自己，也毁灭着自己。

又一个秋天，李贺和死亡对话，写了《秋来》：

桐风惊心壮士苦，衰灯络纬啼寒素。

谁看青简一编书，不遣花虫粉空蠹。

思牵今夜肠应直，雨冷香魂吊书客。

秋坟鬼唱鲍家诗，恨血千年土中碧。

前途、情感、未来，李贺统统都没管，他只问："如果我死后，谁会来看我用生命写的书呢？这些竹简会不会终将成为虫子的食物，变得粉碎？"这是他最后的询问，可答案，他不得而知。李贺因为这样的想法而愁丝万千，他好像看到秋天的坟墓里，鬼魂们唱着鲍照因怀才不遇而抒发遗恨的诗句，这遗恨永远无法消除。这何尝不是李贺自己呢？

现实世界，令人悲伤，无处躲藏。

李贺只能在鬼怪世界里寻求遨游。

李贺因诡谲的想象，众多鬼魅的文字，被后人称为"诗鬼"。

后来，割据势力愈发猖獗，唐朝的破碎已经注定，潞州的郗士美因无力讨伐叛乱而离开，李贺无处可走，只能拖着病躯回到故乡，安静地整理自己的诗作，不久之后，病卒。

李贺只活到二十七岁。他在世时，如珠玉蒙尘，但他从未泯然众人。

很多人，在经历无数挫折打磨之后依然如此平庸，每一天，既不开心也不难过，就那样平平地走向一条中规中矩的路。李贺偏不，他沉浸于痛苦，又脱离于痛苦，他直白如刺，脆弱如童，他将人类擅长的悲伤做到极致，每一个字都燃烧着生命。

他的字是看得到火的，他那些最纯粹的希望、最真诚的盼望，都藏在里面，暖不到他自己，就照些亮给后世吧。

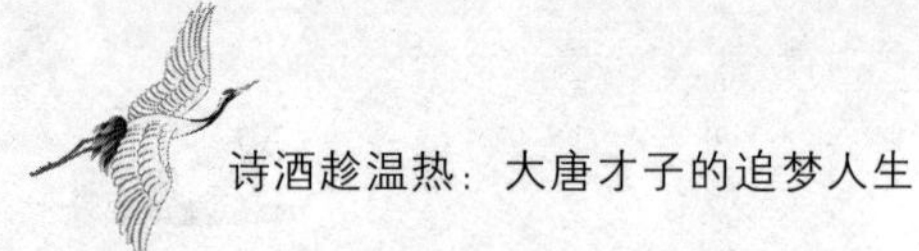

后世也确实给了他安慰。

那些祈求长生成仙的帝王，都不知道去了哪里，独留李贺念着："自然老者不死，少者不哭。"

李贺就这样，在自然里，不死不哭。长久地，站立。

他是孤独又灿烂的神。

贾岛：诗人从未走远

贾岛是什么做的？

山中的格格不入、街上的万千过往，

和幽凉大地陈列的字与句。

贾岛就是由这些做成的。

贾岛骑着毛驴走在长安城的街道上。

他不看路，不看风景，不看热闹和繁华，只皱着眉，自顾吟咏着，手上比比画画，像个穿越而来的异类，但是他并不惊慌失措，只是沉浸于自我。

他不关心这个世界，不关心时间与空间。

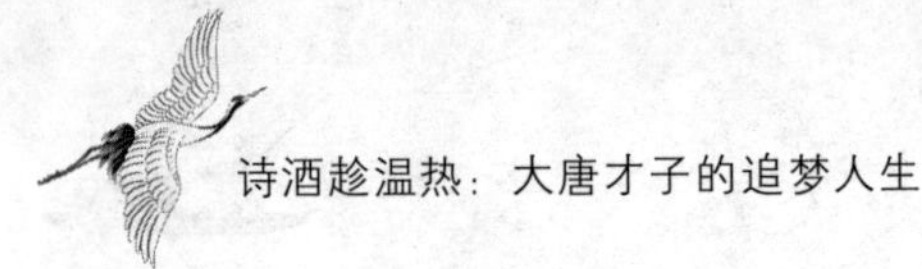

他只关心他的诗。

他是从山中而来。

长安城郊，贾岛沿着山路，寻到自己朋友李凝的家。四周荒草丛生，没什么邻居，月亮倒映在池塘，平静而幽深。敲门，无人。

贾岛于是返程经过小桥，经过色彩斑斓的田野，经过飘动的云和高大的山石，经过长安城的路和风景。

他什么都不留恋，只吟诵自己的诗（《题李凝幽居》）：

闲居少邻并，草径入荒园。
鸟宿池边树，僧敲月下门。
过桥分野色，移石动云根。
暂去还来此，幽期不负言。

但贾岛并不满意，他对自己的诗句有着异乎寻常的认真。究竟应该是“僧敲月下门”，还是“僧推月下门”呢？于是他比比画画，在半空中模拟动作，一会儿推，一会儿敲，并不管他周围的热闹和繁华，危险与鄙夷，嘲笑和漫不经心。

热闹和繁华，从未同贾岛产生联系。

贾岛出身于贫寒人家，贫困与饥寒交迫才是他命运的基调。他是无数普通人中的一个，没有显赫的背景，没有富裕的家庭，甚至没有史书来称赞他有什么与生俱来的才华和坚定不移的梦想。

没有人记录他的童年，十八岁，他离开家乡。

也没有人记录他的少年，只知道，他出家为僧，法号无本。

没有人知道他走过了怎样的日子。

但很容易想象，那是很平静无波的时光陷阱，所有的快乐、期盼与希望，都被那陷阱一一吞噬，贾岛手无寸铁，却还是不断失去。

离开家乡，贾岛应该也想过走仕途，那时是充满希望的，但或许是一次又一次的落第，也或许就是单纯的贫穷，让他无法走得更远，做得更多，于是他就做了僧人。

那时唐朝已经开始落寞，而贾岛也是落寞的一员，一直行走在阴天里。

命运的无奈带给贾岛无尽的不安与危险，于是他出家为僧。

岁月的幼稚带给贾岛无尽的忧愁与挣扎，于是他作诗排解。

贾岛当时虽然年轻，但大抵没有什么执念了，只有诗句可以令他忘乎所以。

贾岛在写他的诗。

贾岛也在走他的路。

贾岛宿在山寺中，见过不曾闻世事的八十岁老僧，也去山中寻隐者，却不曾见到。

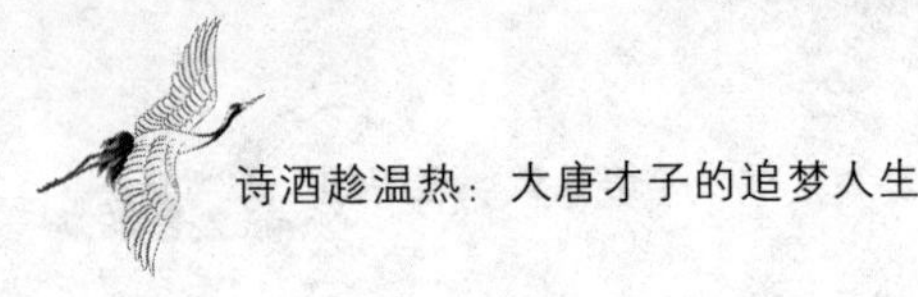

他在《寻隐者不遇》中写道：

松下问童子，言师采药去。
只在此山中，云深不知处。

他用很平淡的语气，写了一件小事，名叫遗憾。

世间很多事如此，不如人所愿。

贾岛入了僧门，要么便是空寂一人，写诗为乐；要么出门化斋，寻访友人。不管是自我欺骗，还是世事所迫，贾岛让自己没有执念与欲望，这便好像与俗世再无瓜葛，好像拥有了自我控制的人生与快乐。

但是这快乐却还是要被俗事打扰。

贾岛在洛阳为僧的时候，洛阳的官府规定，午后不得出寺。这令贾岛非常难受，他好像还是在被束缚，即使他已经向命运投降，出卖梦想，出卖青春，到头来还是被剥夺。他像是一个漂亮而空荡的易拉罐，已经甘愿随意地躺在路边，却还是会被人踩踏、挤压。

他在《句》中讽刺：

晴风吹柳絮，新火起厨烟。
长江风送客，孤馆雨留人。

古岸崩欲尽，平沙长未休。

不如牛与羊，犹得日暮归。

贾岛说他还不如草原上牛羊这样的牲口，牛羊还能在日暮的时候回家呢。

贾岛在僧门中，也并非一切都那么如意。

他只有在写诗的时候，是完全的自我，是完全的帝王，是完全的乞丐。

写诗总是要交流的，贾岛三十一岁的时候，想要去拜见孟郊，未能见到。然后就去拜访其他好友。等到冬天，他又去了长安，拿着新诗去拜访张籍和韩愈，结果韩愈已去洛阳。

他在诗《携新文诣张籍韩愈途中成》里说：

袖有新成诗，欲见张韩老。青竹未生翼，一步万里道。

仰望青冥天，云雪压我脑。失却终南山，惆怅满怀抱。

安得西北风，身愿变蓬草。地祇闻此语，突出惊我倒。

这诗独具蓬勃，同他以往的孤僻幽静大有不同。

第二年，贾岛终于在洛阳见到韩愈。

韩愈很赏识贾岛。

谁也不知道这赏识是好是坏。

正因为韩愈的喜爱，贾岛还俗，重新进入俗世，开始了科考之路。

这科考之路漫漫无期。

贾岛像一只无头苍蝇一样，扎进长安的文人圈中。贾岛写了很多求荐诗，但是同他感情最深的韩愈都在宦海浮沉，其他是扯不上关系的权贵，要么是同他淡薄的仕子。

贾岛一次又一次地应考，一次又一次地落第。

从三十一岁到四十六岁，他好像是一个徒劳无功的爬山者，没有爬上山顶，也没有跌落悬崖，他只是被困在原地，哀号无用，乞求无用，悲痛无用，无数的人从他身边经过，对他视而不见，然后远走。

贾岛在不断地告别。

他告别自己的友人，诉说思念，他在《忆江上吴处士》中道：

闽国扬帆去，蟾蜍亏复圆。
秋风生渭水，落叶满长安。
此地聚会夕，当时雷雨寒。
兰桡殊未返，消息海云端。

贾岛说：“你在秋天时离开，落叶在大地上死亡，在大地上安眠。我还记得，你离开前的那夜，雷雨交加，送别是寒冷的。

而距离那时，已好几个月了，现在船还未返回，你还没有消息。”

贾岛同韩愈告别，同这个一直欣赏他，想要提携他的人告别。那时，韩愈被贬潮州，写了《左迁至蓝关示侄孙湘》来表达自己的愤懑，贾岛读完诗后便有感而发，写了《寄韩潮州愈》：

此心曾与木兰舟，直到天南潮水头。
隔岭篇章来华岳，出关书信过泷流。
峰悬驿路残云断，海浸城根老树秋。
一夕瘴烟风卷尽，月明初上浪西楼。

贾岛说：“我的心翻山越岭，一直同你一起。你的诗我听到了，那么我也送还你一首。请你相信，总有一天会有狂风将一切瘴气刮走，那时月色清明，高照西楼。”

他告别同他一起入僧门常常陪伴在身边的堂弟，一个法号为无可的僧人。他在《送无可上人》里说：

圭峰霁色新，送此草堂人。
麈尾同离寺，蛩鸣暂别亲。
独行潭底影，数息树边身。
终有烟霞约，天台作近邻。

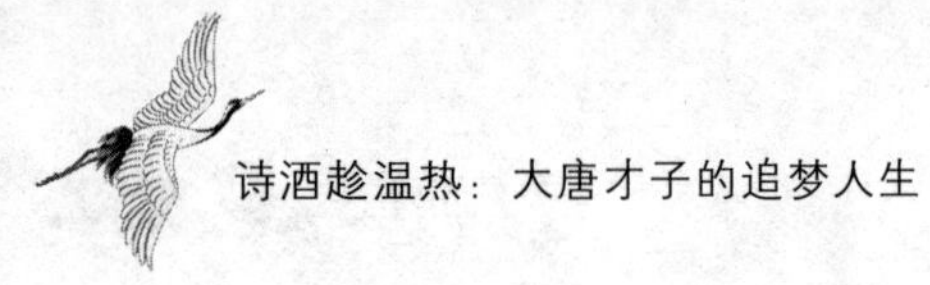

贾岛应试落第后，同无可一起住在长安西南圭峰上的草堂寺。无可在，还能给贾岛一些慰藉，但是无可要去南游庐山。离开时，两人约定，未来要去天台山做邻居，一同隐居，一同作诗。贾岛好像还是那个入了僧门的贾岛，不曾在俗世中摸爬。

或许他还是曾经的那个人，喜欢诗，琢磨诗，写诗时整个世界只有他，只有他的悲欢离合，让他流泪与感动，让他好像还美丽地活在世上。他在《题诗后》中说：

两句三年得，一吟双泪流。
知音如不赏，归卧故山秋。

正因如此，他常常独语，旁若无人，像个异类，无法融入那些繁华和热闹。他写诗去唱和，去举荐自己，或许并非自愿。但是他做了，却还是失败了。倒是后来他对宰相裴度出言不逊，可能这才是他的本真。

名相裴度因为平叛乱有功，被封晋国公，贾岛见他为建自己的宅邸而拆除了附近多家民居，便写了《题兴化园亭》来嘲讽：

破却千家作一池，不栽桃李种蔷薇。

蔷薇花落秋风起，荆棘满庭君始知。

贾岛好像就是这样的人，他是渺小的，也是自大的。他不是什么可以撼动江山的人物，他就是一个有点清高、孤傲，虽然欠缺勇气但始终有自己的坚持的普通人，他被很多人讨厌也被很多人喜爱。

贾岛就是这样我行我素，循着他性格的足迹便可看到他的结果。

贾岛是因为一首名为《病蝉》的诗而被世俗抛弃。

他以病蝉自况：

病蝉飞不得，向我掌中行。

折翼犹能薄，酸吟尚极清。

露华凝在腹，尘点误侵睛。

黄雀并鸢鸟，俱怀害尔情。

贾岛大声疾呼："黄雀和鸳鸟都想害病蝉。"大家都认为他是在以此攻击公卿，于是他被逐出考场，并被列入"举场十恶"。

属于贾岛的应试时代彻底结束了。

这时，贾岛已经年迈。好友孟郊好多年前便去世了，而最

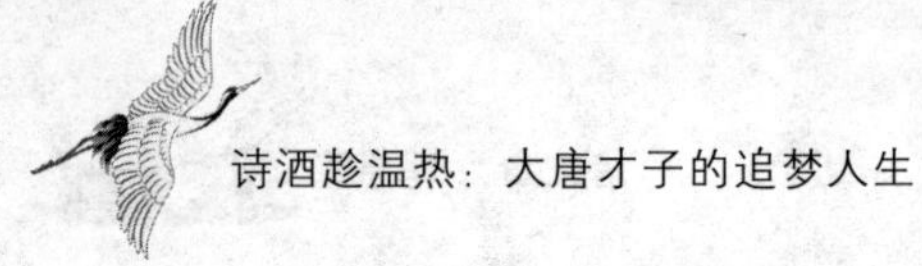

近，韩愈也不在了。很多同他有关联的人在宦海中沉浮，然后或搁浅，或坠入大海，只有他仍在岸边，脚踩沙滩，令他不快极了。

这或许就是俗世的羁绊吗？是带着海水的腥味的。

过了很多年，贾岛在垂垂老矣的时候，才当上了长江县的一个主簿，脚尖触碰到海水，不过尔尔，只三年，他便故去了。

他从山中来，或许也回到了山中去。

贾岛年少时冲撞韩愈的车驾，或许确有其事，也可能仅为传说。

但在很多个瞬间，他摒弃世俗，也摒弃僧门，他不关心这世界，只关心自我，关心自己的诗。

后世称他为诗奴。

因为他好像只在诗句中谦卑，他将所有的荒凉、孤寂、与世界的格格不入都雕琢在诗中，铭刻在诗中。

贾岛才是活在我们身边的诗人，他不像李白般飘逸若仙，也不像杜甫般悲天悯人，他是普通的、平凡的，是可以追随与模仿的。

闻一多先生在《唐诗杂论》中说："贾岛毕竟不单是晚唐五代时期的贾岛，而是唐以后各时代共同的贾岛。"

所以，后世有无数人追随贾岛，成为贾岛的信徒。我想，那也是他们找寻自我，找寻归属与愉悦的征途。

贾岛，不是谁的，他只是他自己，他蔑视权威，也屈从于世俗，他在儒家与释家之间徘徊，在诗篇之中独行。

贾岛，也不是他自己的，他是普通人的贾岛。

普通人看到他，好像看到了自己，看到了同伴。

原来，俗世亦有诗，庸人未读矣。

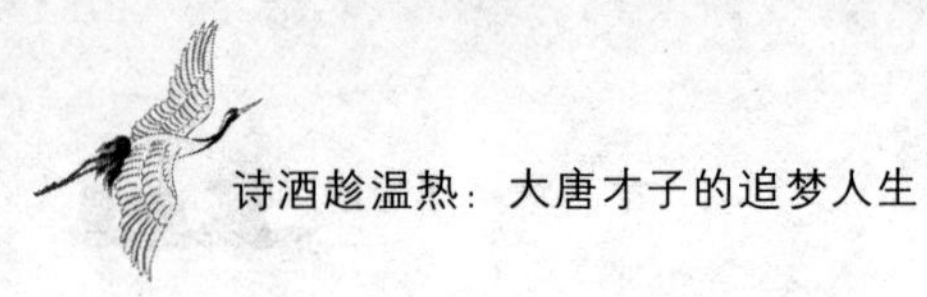

张祜：那么天真，那么骄傲

张祜是什么做的？

干净的风、潮湿的雨，

和长久的不曾落泪的门。

张祜就是由这些做成的。

一名女子的死亡令张祜名声大震。

唐武帝在病重之时，孟才人随侍榻前。唐武宗问："如若我死，你该如何？"答："你死我亦不复生。"后来果不其然，唐武宗死后，孟才人随之而去。

孟才人善歌，常常唱《何满子》于唐武宗，声调悲伤婉转，闻者落泪。

张祜在《宫词二首》中写道：

故国三千里，深宫二十年。

一声何满子，双泪落君前。

她在深宫二十年了，曾经的故乡遥不可及。所有的愁苦与孤怨，她不曾言语，但是凄凉的《何满子》唱起，就将所有的泪都洒尽了。

困于偌大囚笼的女子，生前无人问津，死后倒是被无数人祭奠，不知道人们是祭奠自己，还是他人。

不过，这首诗经由一个女子的死亡，一个后来成为宰相令狐楚的喜爱，还有无数女子的口口相传，终于令张祜的诗句再次上达天听，好像一支等待点燃的烟花，令人心生期待。

张祜，这位世称张公子的文人，又再次陷入他如同迷途的命运之门。

张祜出身于清河张氏的名门望族，家世显赫。可以想见，没有金钱所累，又无俗事缠身的张祜，曾经也是个“梦中有佳人，眼中有远方”的翩翩少年。这既能提剑上马、又可落笔生花的无忧年华，给了张祜可以肆意人间的宝藏——隔绝尘世后的纯粹和腹有诗书的才华。

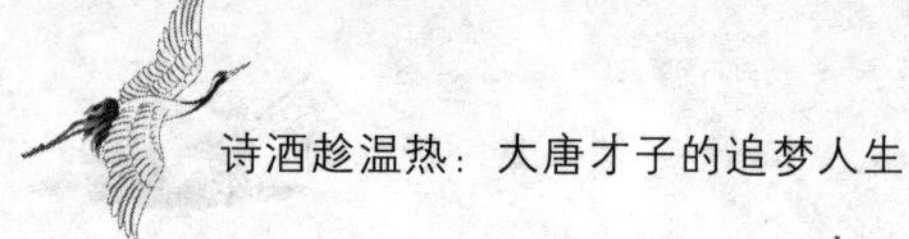

不知这算是命运的眷顾，还是含着恶意的歹毒，这出生伊始的一帆风顺，如同一个巨大的玩笑，送给了他如花上刺般的狂放孤傲，埋下了不知何时就会令一切毁于一旦的伏笔。

打马门前过，一朝离故乡。张祜辞别一直为他遮风挡雨，替他建造梦中繁华的故土，只身闯入风雨飘摇的晚唐。

张祜在早年间，客居苏州，听起来好似是他为自己寻得的又一个温暖而浪漫的人间。这就像是一个快要触及现实的朦胧的梦，张祜还没敢伸手，便无措地回到自己的壳中。他就在自己营造的世界中蜷缩着，看似张狂不羁地度过了一年又一年的诗酒华年。

春去秋来，张祜流连在南朝四百八十寺中，盛开在枫桥夜泊的千里江水上。张祜在这瑰丽的南方四处飘荡，苏州、扬州、杭州，四处留情。他不知道自己参加了多少酒会，又结识了几个友人，他心中有抱负，但又割舍不下这多彩的红尘，想来想去只能寻求名流显贵可以上达天听的捷径，倒也不失为一种文人墨客的风流。

公元826年，三十岁的张祜又一次南下苏州，那年大文豪白居易正担任苏州刺史。张祜天性烂漫，又好结识友人，听说有这样在文坛和政坛皆为泰斗的前辈在此，便欢天喜地地去拜谒。而那时白居易也早已听说过诗名颇盛、被人称作“海内名士”的张祜，认为他的一首观猎诗可以同“诗佛”王维写的相提并论，评价颇高。

一个高兴地去了，一个热情地迎了，本应是文坛的一段佳话，可惜都毁在了张祜的张狂清高不拘小节上。

话说那日，白居易和张祜两两相对，一杯浊酒自喉咙而下，将四周的空气都暖得多了几分水上风月的朦胧。两个相同才华的人在这样融洽的氛围里，自也是敞开心扉，从诗词歌赋谈到人生百味。在这样美丽温柔的风月中，张祜没有任何防备地将内心一切直白言说，文人就应该是这样洒脱啊！张祜浑然不觉，他已经点燃了命运为他埋下的伏笔，直到所有流言的刺都扎入心扉，也不见血渍。

白居易作为当时天下文人都敬奉的德高望重之辈，张祜在他眼中不过还是年轻的小辈。白居易同张祜谈到高兴处，倒也不再拘谨，开玩笑地说张祜的“鸳鸯钿带抛何处，孔雀罗衫付阿谁？”（出自《感王将军柘枝妓殁》）好似是个断案的“问头”诗。这时的张祜作为后辈，哪怕心有不甘，也应该扬起笑脸恭恭敬敬地把话来答，谦虚地嗯嗯啊啊一番也就你好我好地过去了。

可惜张祜天生就不是这样的人。

张祜天性洒脱不羁，心中断没有什么嫌隙，行事作风也如同四处飘扬的风儿不据礼法。张祜才思敏捷，当下也无所顾忌地开了白居易一个玩笑，称他的“上穷碧落下黄泉，两处茫茫

皆不见”（出自《长恨歌》）是问鬼的《目连经》(《佛说鬼问目连经》简称）。

这还了得，张祜这番不痛不痒的言论，在白居易眼中，好似孙子辈的年轻人开了爷爷辈的玩笑，白居易心里自然不快，当下倒也无任何不满表示出来。说来文坛之中忘年之交实则不少，可惜张祜运气不佳，没有遇到。他自以为所有人都同他一般没有任何遮掩地现于世间，而当他下定决心想要伸出头看看这个尘世时，却被命运当头一棒，打得伤筋动骨，最终只能如浮萍般飘摇。

白居易没有遂了张祜所愿，推荐他上京。长安的月也明，人也美，可惜偌大的城，没有一个属于张祜且歌且唱的夜。

元和、长庆年间，张祜在节度使令狐楚的手下做一个平平的幕僚。达则兼济天下，穷则独善其身。张祜过了三十载春秋，一朝从虚假的幻梦中醒来，惊觉自己什么都没有做到。他从当年的那个张公子，成为一个散落人间的惆怅客。

不过还好，令狐楚欣赏张祜的才华。

令狐楚欣赏张祜的才华，亲自写了奏章让他拿着自己的上百篇诗歌上京进献。可惜这些含了无数个挣扎与梦想的字句却被白居易最好的朋友元稹拿到，放在手中便再也没有能够现于天日。张祜黯然离去，没有带走一片云彩。

可喜的是他的宫词倒因此保留了下来，不知何种际遇，被那时的宫女争相传唱。

于是断肠诗名噪天下，不难想象有多少诗篇从那些少女的小口红唇中幽幽唱出。

诗句终于传到了皇帝的耳中，皇帝被这样频繁地在耳边萦绕的诗篇所吸引，当时的皇帝宪宗便问元稹："张祜此人如何？"元稹脸不红心不跳地撒谎道："祜雕虫小技，壮夫不为，或奖掖，恐变陛下风教。若是用张祜，会毁了皇帝的名声。"这话说得确实令人不齿，或许这就是文人相轻吧。命运跟张祜开了一个又一个黑色的玩笑，直到令他再也看不到希望，拂袖而去。

张祜离开了长安，走前看着这个颠倒的朝堂，作诗《寓怀寄苏州刘郎中》辩白：

一闻周召佐明时，西望都门强策羸。
天子好文才自薄，诸侯力荐命犹奇。
贺知章口徒劳说，孟浩然身更不疑。
唯是胜游行未遍，欲离京国尚迟迟。

张祜的好友杜牧也为他鸣冤道："谁人得似张公子，千首诗轻万户侯。"（出自《登池州九峰楼寄张祜》）张祜这一生，或许就是献给这百首千首的诗吧。他这一世，也未曾踏入仕途，但是那样浑浊的泥塘，不蹚也罢。

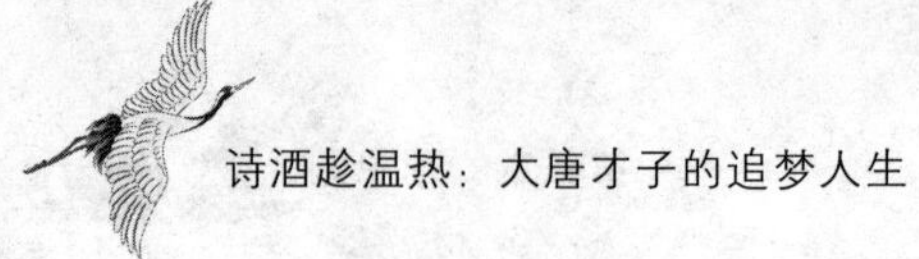

不过他依旧伤心。

他又一次开始漫游，在《题金陵渡》中写道：

金陵津渡小山楼，一宿行人自可愁。

潮落夜江斜月里，两三星火是瓜洲。

好像还是少年时的风景，但心情再不如当年。

但是还是南下吧，张祜又回了当年那个给他温暖而浪漫的地方隐居。

苏州，如天堂，似世外桃源。

张祜这回没有想着远方，他在这片如霜如雪的明亮中席地而坐，接受岁月送予他的礼物，摆一张小桌，煨一壶老酒，看很多的书籍。他微微笑着，听远处早耕的人儿相互交谈，看门外翠绿的竹随风摆动，抬手，他好像又是年少时意气风发的张公子。

七十多岁的张祜，作诗《赠季峰上人》：

时贤近丧若山崖，却赖青云望素乖。

强似鵷鸾趁宦达，可胜藜藿伴僧斋。

一壶酒外终无事，万卷书中死便埋。

唯是江东道门子，许询长说是吾侪。

张祜和曾经那位死亡的孟才人一样，有很纯粹的天真，也有很纯粹的骄傲。

此时的张祜显得释怀，命运之门不再有任何意义，他走向死亡，如同他出生一样。

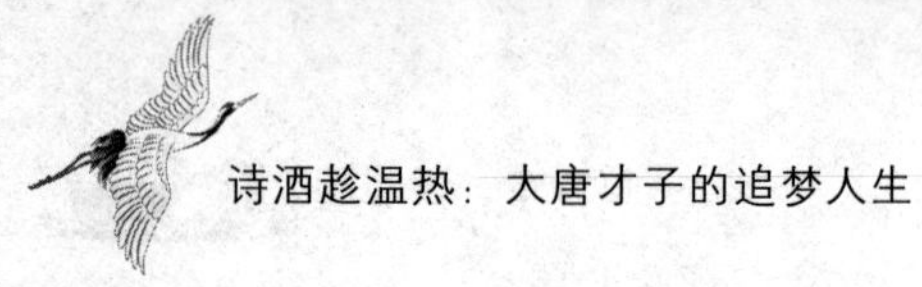

孟郊：我们这一生

孟郊是什么做的?

经行的苦难、长久的低吟，

和寻常的七情六欲的吻。

孟郊就是由这些做成的。

这一天，孟郊登进士第。

这一天，长安花开尽。

这一天，春风得意。

孟郊忽然获得了从未有过的人生体验：巨大的快乐袭来，令他头晕目眩，忘乎所以。

他见过很多人有这一天，但是他只站在旁边。他也想过拥有这一天，但是一次又一次地落第，他疲倦了。所以这简直是个惊喜，是个意外。

孟郊写了他人生中第一首快诗《登科后》，连基调都是昂扬的，让人难以相信这是他写的篇章：

昔日龌龊不足夸，今朝放荡思无涯。

春风得意马蹄疾，一日看尽长安花。

曾经的一切都消散了，哀叹与泪流，不安与琢磨。

很多的期待也圆满了，母亲的催促，友人的肯定。

这好似真的是命运给出的转折，虽然曲折，但是圆满。

孟郊骑马飞驰，看着一朵又一朵的花从两旁掠过，所有的鲜活、美丽不再虚幻如影，仿佛大地将他包裹，他好像不在人间了。而过去的苦难、困顿，如一场徐徐噩梦，他缓缓起身，半个世纪已过。

这年，孟郊已经四十六岁了。

这是孟郊第三次进京应试，第三次等待放榜。

一次又一次的失败，一次又一次的失魂落魄，这条看似正确的人生道路带给了孟郊无数的打击。

但是他没有可以逃脱的地方。

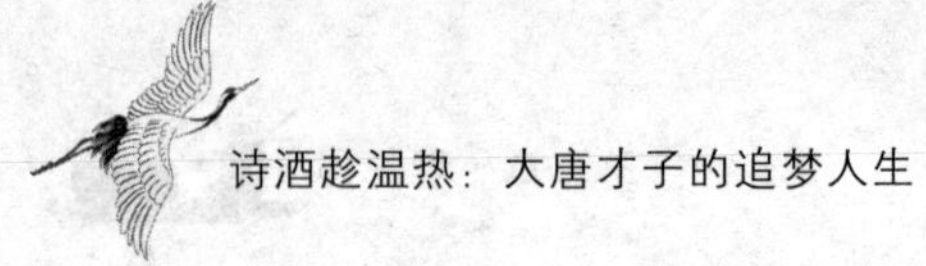

世俗说，你应该如此。

你应该幸福美满，官运亨通，你应该忠孝仁义，胸怀家国天下。

孟郊一无所有。

孟郊只在自己平凡苦难的世界里徘徊，终年游荡，终年低吟。

世俗又说，你不应该如此。

于是，第三次，孟郊在母亲极力劝说下才去应试的，终于获得一个看似圆满的结局。

孟郊终于获得一些和解。

所以他应该得意吧。但这不是什么得偿所愿，而是在看似没有突围的生活中，终于有了一点儿值得炫耀的东西，一点儿可供喘息的东西，一点儿可以活着的东西。

但这炫耀、这喘息、这活着，究竟是谁所得，是谁所欲呢？

是孟郊，又非孟郊。

因为无人可撼动一人之力下的山丘。

人、时间、山河与世间皆是。

孟郊无美丽命运，他一直生活在不确定中。

先是盛唐山河动荡。

近十年的安史之乱，将盛唐的那一点儿余光遗漏得干干净净。朝堂上的纷争，政治舞台上的你来我往，让唐朝由盛转衰。

而这不仅仅是史书上的几个文字、几个人物，而是背后无数苦难的百姓。

时代的摇晃，像是一辆载满行李的马车，横冲直撞地驶向了山崖。这马车陡然生变，让坠在车边的人们纷纷滚落，艰难前行。

所以，时代带来的不安是中唐的基调，也是孟郊童年的基调。天空永远是灰蒙蒙的，看不到太阳，所以没有那些盛唐时的呐喊。那些有侠气的诗篇，那些直白的粗糙的又鲜活的人，被一层又一层的灰掩盖住了，被苦难粘住了脚。

再是脆弱的家。

孟郊的父亲是个小吏。家贫，这当然也不是几句话就能略过的事情，尤其之后，他的父亲亡故，家中只有辛勤的母亲。

贫穷，是切肤之痛，是吃不饱，穿不暖，冻得睡不着，又死不去。

贫穷，是离魂之痛，是半夜呼号，委屈至极，不知自己为何如此。

贫穷，是成长时的极度自尊与现实中的极度自卑。

贫穷，是不得不的恳求和从不想的屈服。

孟郊就生于贫穷之上。

贫穷非罪恶，却是万欲之源，想不饥饿、不寒冷，求最简单的衣食无忧，像个动物一样活下去。

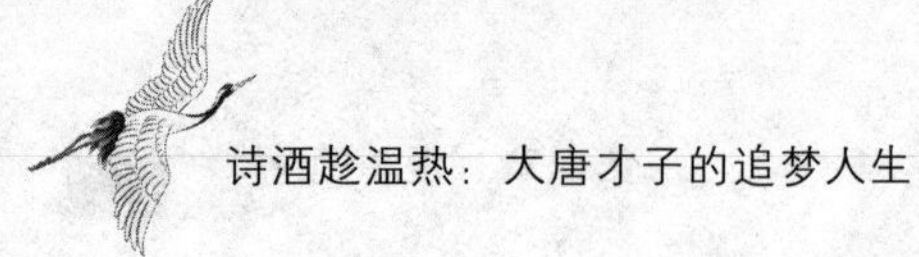

但是生而为人，又想有爱，想有尊严，想不被人轻视，不被人左右。

孟郊的童年，低于欲望，又高于爱。

为活着匍匐，为尊严站立。

他同他的家一样，脆弱又苦苦支撑，最终淹没于七情六欲，深陷世俗。因此，他性格孤僻，不愿与人来往，他的世界禁不住触碰与拆解。

孟郊就在这不确定中寻找确定。

所以，他不像是寻常书生那样纯粹，十年寒窗，端的是文人理想；他不像是无忧公子那样自在，诗酒吟唱，端的是少年意气。

在孟郊的生命中，情感飘忽又坚定，苦难竟是他唯一的确定。

于是，孟郊端的是世人理想。

他在《湘弦怨》中说：

我愿分众泉，清浊各异渠。

我愿分众巢，枭鸾相远居。

此志谅难保，此情竟何如。

孟郊想让这个世界黑白分明，不再混沌不堪，他想让太阳重新升起，照亮人间。孟郊瑟缩在自己窄小的天地之中，亲情给他慰藉，骄矜给他希望，他竟有如此天真的想法，但他也知知音难觅，此志难践。

所以应该如何实现呢?

可能是仕途吧，毕竟此为文人之路，官人之道。但或许也不是仕途，君不见朝堂腥风血雨，流万民之水，怀万物之恶。

动荡皆来自它。

孟郊从自己隐居的河南嵩山上下来，真的开始去人间走一走。

这年孟郊三十岁了。

孟郊先在河南转了转。

他写诗《严河南》说：

我有赤令心，未得赤令官。

终朝衡门下，忍志将筑弹。

君从西省郎，正有东洛观。

洛民萧条久，威恩悯抚难。

孟郊在河南看到了藩镇之乱，百姓生活在困苦之中，不是什么恩情和威严就可以抚恤的，但是孟郊也无能为力，因为他也只不过是这寻常百姓中的一位。

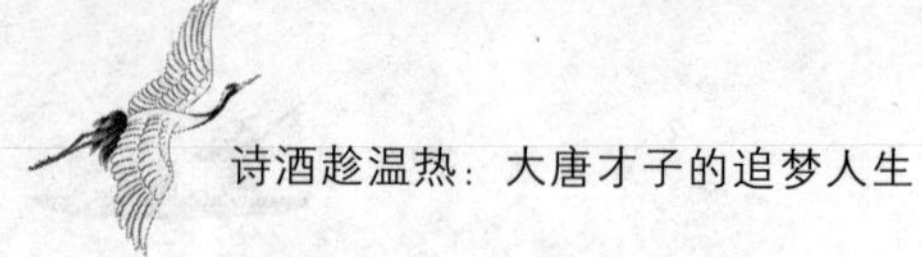

孟郊就这样边走边看。

他去过上饶，同茶圣陆羽结识，又到过苏州，和诗人韦应物唱和。

这样的日子好吗？

好极了。没有虚与委蛇的世故，他只旁观世故；没有令人绝望的瞬间，他常伴苦难。

曾经他的苦难是狭窄的，是大时代下自我的个人体验。

那些苦难他太熟悉了，比他新认识的朋友还要久。

所以，那些苦难就不再是苦难。

但现在，他的苦难是广阔的，是大时代下群体的悲鸣。

孟郊敏感的心被揉捏着，他发现如此多的人同他一样，他的痛苦便不再寻常，他痛他人之痛，苦他人之苦。

自我与他人，他皆背负。

这样的日子好吗？

他不知道做什么可以拯救这颓废的人间。

或许应该跟他新认识的那些朋友一样去做官，求个仕途，回归他应走之路。尤其他的母亲还殷切地看着他，希望他有世俗的好。

四十一岁，孟郊在故乡中了乡贡进士，正式开启进京赶考的历程。

四十二岁，孟郊第一次落第。

孟郊的落第是毋庸置疑的，因为他一个贫穷的人，一个孤僻的人，穿着母亲亲手缝制的衣服，如同一个异类闯进这科举场，想要在权贵之中抢夺一个位置。

孟郊应该做什么呢？

权势，他没有，他不过是一个母亲的儿子，妻子的丈夫，儿子的父亲。

交情，他没有，茫茫京城谁人识？

所以，即使有才华，孟郊也应该卑微地恳求，吞声忍气地将自己推销出去。

孟郊做不到。

在《西斋养病夜怀多感因呈上从叔子云》（节选）中，孟郊这样写道：

方全君子拙，耻学小人明。

蚊蚋亦有时，羽毛各有成。

如何骐骥迹，踡跼未能行。

西北有平路，运来无相轻。

孟郊说他自己是笨拙的君子，耻于学习那些小人的做法。

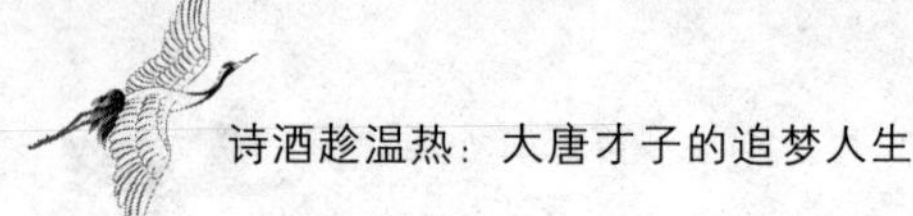

所以，他落第是必然的。

他当然也伤心，但他还是要揭露那些假模假样的小人，他在《落第》中写道：

晓月难为光，愁人难为肠。

谁言春物荣，独见叶上霜。

雕鹗失势病，鹪鹩假翼翔。

弃置复弃置，情如刀剑伤。

那些像小鸟一样的人，假借翅膀，就一飞冲天，倒是留他如得病的猛禽，落魄至此。

不过孟郊还有些希望，希望他如珠玉蒙尘，有朝一日能被人赏识。

四十三岁，孟郊又落第。

仕途不再是孟郊实现什么人生希望的路了，而是一道坎，就横亘在那里，戳心撕肺。

孟郊写了《再下第》：

一夕九起嗟，梦短不到家。

两度长安陌，空将泪见花。

孟郊开始自我怀疑，他一次又一次地哀叹，泪水沾湿衣襟。他只想在梦里回到家，得到一点儿慰藉，但梦太短了。

孟郊觉得耻辱。

为什么有才的人得不到任用，而那些无用的公子哥却能得偿所愿？这肮脏的官场好像在嘲讽他，嘲讽他的自不量力，嘲讽他的固执坚持。这肮脏的世间也在嘲讽他，嘲讽他好像要平凡一生，找不到用武之地，发出一点儿不值一提的苦难的回音。

孟郊甚至想到死亡。他在《夜感自遣》中说：

夜学晓未休，苦吟神鬼愁。
如何不自闲，心与身为雠。
死辱片时痛，生辱长年羞。
清桂无直枝，碧江思旧游。

死亡只是一时的痛苦，但是活着是常年的羞耻。

苦难或许真的是他的旗帜吧。

让那些官场之事见鬼吧，孟郊没有去死，他回到了家乡。那里有他的母亲，他的儿女。他的七情六欲牵绊着他，是负担，

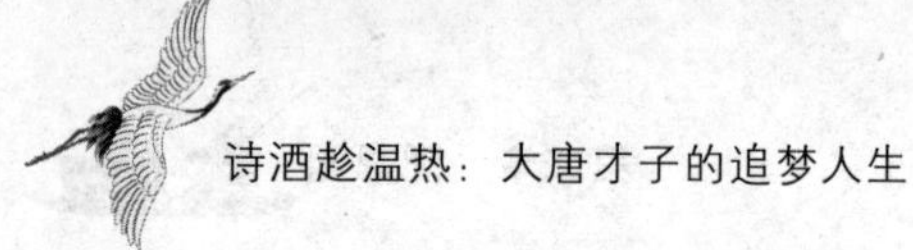

亦是慰藉。

四十六岁，在母亲的极力劝说下，孟郊才又一次进京考试。

这次因为有他的朋友韩愈极力推荐，他的诗名大振，终于得到了一点儿东西。

巨大的快乐向孟郊袭来，但他的开心有效期为一天。

孟郊等了四年，才等来一个主管治安的小官职——溧阳县尉。

孟郊并不想去。

韩愈写了《送孟东野序》，劝阻孟郊："你的诗文是极好的，听从上天的安排吧，看是让你为国家的兴盛发出声音，还是为自己的不幸发出声音。"

虽然孟郊并不想去当县尉，但这终归是他给世俗的一个交代，给母亲的一个交代。

他将母亲接到自己身边。

那常年凝视他的母亲，为他亲手缝制衣服，一针一线，都是他不确定的世界里的默默牵引，是他走向死亡时的哀切挽回。

孟郊写了著名的《游子吟》：

慈母手中线，游子身上衣。

临行密密缝，意恐迟迟归。

谁言寸草心，报得三春晖。

孟郊流离半生，步步退却。

少时的理想，无从实现；中年的愿景，可笑至极。

现在唯求，活着，有亲人相伴。

孟郊没有好好做个县尉。考试已经是他的妥协，难道还要他勤勤恳恳地违背自己，做一生都不想做的事情吗？

孟郊不好好做官，常常去树林间坐着，独自一人徘徊，琢磨诗句。于是后来县令另外请了个人来替他做事，但是他的薪水要分出一半。

所以孟郊穷困潦倒，没过几年，就辞官了。

他好像又回到了童年，苦难裹紧他的鞋子，带给他世界的触觉。

面对苦难，拥抱苦难，经营苦难，又归于苦难。

孟郊看着这摇晃的人间，为苦难发声。

他写了《寒地百姓吟》：

无火炙地眠，半夜皆立号。

冷箭何处来，棘针风骚骚。

霜吹破四壁，苦痛不可逃。

高堂搥钟饮，到晓闻烹炮。

寒者愿为蛾，烧死彼华膏。

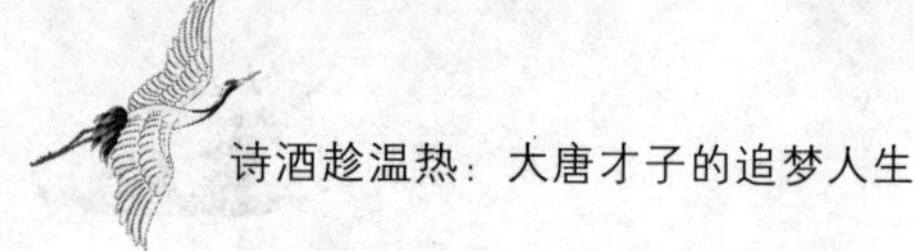

华膏隔仙罗，虚绕千万遭。

到头落地死，踏地为游遨。

游遨者是谁？君子为郁陶！

冷风如箭，刺破皮肤。贫穷的人家没有炉火，冻得睡不着觉。他们甚至想做富贵人家烛火上的飞蛾，宁愿被烧死也不要在这寒冷的风中无处可逃。但是那富贵人家的灯火也被纱罗网罩起来，就算飞百次千次也无法靠近，最终只能倒地而亡。

这是任何一个诗人的笔下都难以出现的世界，一个令人惊叹的悲惨世界。

因为太多的诗人不曾下坠，下坠到这破烂的充满泪水的泥土中。他们诗词歌赋一唱，人间就好像换了个样，花红柳绿，安稳太平。

孟郊从不高攀。

但他唯一所求，也不能实现。

孟郊六十岁时，他的孩子一个又一个死去。

孟郊悲痛至极，写了《悼幼子》：

一闭黄蒿门，不闻白日事。

生气散成风，枯骸化为地。

负我十年恩，欠尔千行泪。

洒之北原上，不待秋风至。

“我不知命运为何如此待我，是否上九天下地狱，我的孩子就可以回到我的身边呢？”

当然不。孟郊的孩子再也回不来了。只有他的泪水和诗，记录了这一死亡。

然后，他的母亲也死了。

他孤苦伶仃，老无所依。

但还是要活下去吧，孟郊就依然走在苦难中。

他依然发声。

丁忧期间，他寄居在洛阳，看到一对农妇。妇人说：“为什么我每天劳作，织出来的是丝绢，但自己却穿破烂衣服呢？”

孟郊无从回答，于是他将这农妇的询问以诗写出，即《织妇辞》：

夫是田中郎，妾是田中女。

当年嫁得君，为君秉机杼。

筋力日已疲，不息窗下机。

如何织纨素，自着蓝缕衣。

官家榜村路，更索栽桑树。

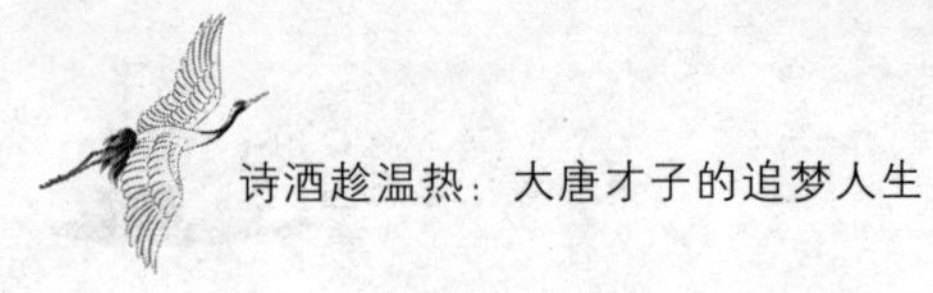

孟郊写了太多无法回答的苦难。或许是生命本身，或许因时代所困，或许是历史的进程滚滚，他如蝼蚁般渺小，螳臂当车。

因为无人可凭一己之力撼动山丘。

人、时间、山河与世间皆是。

但那些鲜活平凡的小人物，不应该被碾压，被践踏。活着，是他们唯一的信条，这也是生命本身，即使充满苦难，即使充满难以言表的羞耻，即使充满寒冷、饥饿、疾病与孤独。

人会被这些压垮吗？经历过一切苦难的孟郊说：不。

但是如果人生艰涩至极，还值得吗？还有什么可留恋的，还有什么可坚持的？

孟郊说："或许是我和妻子心心相印的时候吧，是我的母亲为我在灯下织衣的时候吧，是借车载家具正好能把家具搬完的时候吧，是友人在寒风中送炭，我能把身子挺直的时候吧。"

是一个又一个小的平凡的带着倔强温柔的瞬间吧。

所以即使快乐留不住，也不必求死，死亡终会将我们带走。

六十四岁，孟郊因病而亡。

孟郊这一生，与苦难为伴，有那么多的诗句，竟令人不觉得苦，只觉惊心动魄，因为它牵扯了太多生命本身的痛、太多生命本身的意义。

苦难为何？

生命为何？

孟郊给不出答案，时间亦给不出答案。

人生本无相，苦难亦寻常。

“波澜誓不起，妾心古井水。”

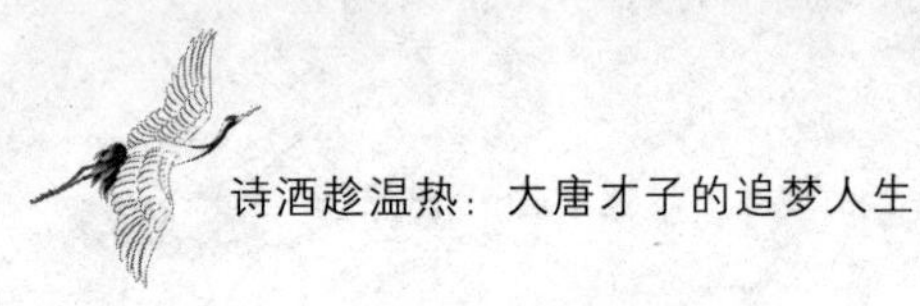

皮日休：如何成为一个英雄

皮日休是什么做的?

丢失的春天、沉默的寂静，

和烽烟四起的孤独城堡的影子。

皮日休就是由这些做成的。

鹿门山的春天好像还没有走。

只是近了夜晚，总是看不清四周的景色，影影绰绰的都是明月下蒸腾的烟雾。满山的树木似惫懒的神仙胡乱填涂的水墨画，在夜空下一点点地消散开去。澄澈的江上，一只寂寞的桨搅碎了悬在江下的一盏玉盘，水波在孤舟下渐渐漾开。晚归人抬起头看这一方宁静，恍惚间忘却了山外战火与世间纷乱，隐约在近林处见到了故人。

这一年春天，天下大乱，烽烟四起。

皮日休听着窗外的兵戈之声，习惯性地拿起酒壶斟起酒来，心中惶惑。曾经繁华的盛唐早就如老旧的纸张失去了颜色，而长安也早已不安。那说着“我花开后百花杀”的黄巢，究竟会不会是拯救天下的英豪呢？

皮日休自顾自地想着，却不小心酒洒青衫，他一时愣怔，似回忆起往昔的妇人，泪湿衣襟。

皮日休很多时候是不愿回忆的，那些坎坷即便只在脑海里重演，都无法让人一笑而过。

少年时代的皮日休并不是个只读圣贤书的文人，他真切地过了很长一段时间半耕半读的生活。他曾写诗道：“老牛瞪不行，力弱谁能鞭。”

字里行间依稀可见那个渴望济世救民的少年，在贫困时自嘲地拿起鞭子，鞭打好似老牛般力弱的人生。他白日辛勤，夜晚刻苦，不知这样过了多少日子。

但他也不会如井底之蛙一味哀叹，他在少年至青年时代游历各地，一度在鹿门山隐居。在鹿门山的那段生活，或许是他最惬意的时光吧。那里山峦秀丽，溪流清明，就连树木都繁盛，寺庙也安然。那些乘舟而归的夜晚，和云而歌的黄昏，小睡慢

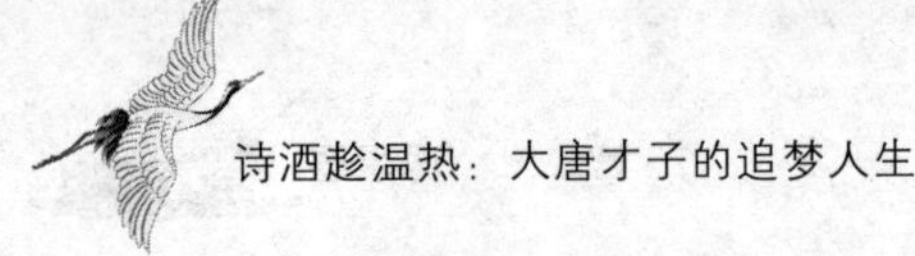

起的午后，曾真的让他一时忘却了外面的纷争。他自号鹿门子，又号醉吟先生，一杯杯地喝酒，一首首地吟诗。他或许爱这样的日子，但他不快乐，像个逃兵。

他在那时写过一首《鹿门夏日》：

满院松桂阴，日午却不知。
山人睡一觉，庭鹊立未移。
出檐趁云去，忘戴白接䍦。
书眼若薄雾，酒肠如漏卮。
身外所劳者，饮食须自持。
何如便绝粒，直使身无为。

鹿门山的生活虽恬淡，但还是要靠耕田才能维持家用。他的一双手本应是写文斟酒的，怎甘心困在土地中呢？对于世事，忧国忧民的他，总觉得有属于自己的责任。

于是，二十八岁的皮日休在晚唐黯淡的月色下乘船而出，同晚归人淡淡打了一个招呼，踏上去往长安的路途。

第一年，皮日休在长安住了十几天，便颇有才名。可惜他天生傲骨，行不来阿谀奉承之事，耿直清高的性格让达官贵人们并不愿亲近他，更遑论为他引荐。皮日休在落第之后黯然离开，从长安退居至寿州友人家中，用一年时间编著了诗文集《皮子文薮》。

他将这些年看过的、经历的、不齿的、憎恨的都一一写出，不夸张不隐瞒地将一个文人对社会的思考以最直白的方式表达出来，这使他成为儒家思想在唐末时的发展者和代表者，并意外地换来多年后鲁迅先生的一句“一塌糊涂的泥塘里的光辉的锋芒”。

第二年，皮日休再次入京。

这回他拿了自己的诗集去各处投赠，并再一次参加进士考试。

主考官本来很喜爱他的诗词，还未发榜时便将皮日休接进府中，打算来一次欢谈。可惜皮日休的长相不济，主考官看到这位心目中才高八斗的诗人相貌并不清秀，左眼角还有些下塌，当即便有些失望，并嘲讽他只有“一目”。皮日休怎能甘心，当即反驳说这位主考官可不能因“一目”而失了“双目”，没有最基本的辨别能力啊!

皮日休总是这样，他文人之气太重，使得当时的文人都很推崇他。但也因此，他和那个朝堂格格不入，得罪了主考官，虽登进士第，但排位靠后，只得了个小官。

不久，他东游苏州，在苏州刺史麾下做郡从事，认识了他一生的知己陆龟蒙。

相似的经历使他们相见恨晚，十分投机。很多时候，皮日休的诗文都走平实之风，针砭时事，例如他著名的诗《汴河怀古》：

尽道隋亡为此河，至今千里赖通波。

若无水殿龙舟事，共禹论功不较多？

但同陆龟蒙一起在苏州的那两年，皮日休的诗风晕染上了清秀淡雅的底色，像一缕春风吹过河畔。

皮日休不仅是个诗人，还是个会谱曲的古琴家。两人一起谱曲、品茶，一起在篷席之上看江水滔滔、看月落花影。

有知己唱和相惜的日子固然是好，但皮日休终究不甘于做个闲人。他本该是随波而起的行舟，不是静卧湖畔的画舫。经过慎重思考，两年后他告别了这种肆意时光，再次走上了仕途。

这次，他入京为太常博士，而后又出为毗陵副使。某日，皮日休匆匆赶路，到了傍晚，下起倾盆大雨，一行人只好借宿于一户农家。农户一家正围坐桌前准备吃饭，皮日休一行人说明来意，希望能够分一碗米。可惜农户并不愿给。随从自以为农户吝啬，几番争执过后，强行掀开锅来看。唉，哪儿有什么米，不过一锅野菜，众人面面相觑，不知如何是好。皮日休问：“收成这么好，为什么还会吃这些呢？”农户哀叹：“还不是那些作假的官吏为所欲为。”

皮日休一上任，便将这些剥削百姓的人一一查办，他总是以民为本。

但这天下仍旧纷乱。

他虽是个好官，清正廉明，但写字的手甚至无法将这一方小城永远支撑下去。他迫切渴望一个祥和的人间，这或许也是他在三年之后参加黄巢起义的原因。虽很多史书都说他被黄巢抓获并俯首称臣，但他这般傲然的人，怎会因被人胁迫就低下头颅呢？终究，是民间疾苦刺痛了他的眼，他不能视而不见，所以甘愿随义军离开。

那些辗转时光像栖在檐角乌鸦的薄翅上，被日色月光驮着远远飞走。一晃，那么多年都过去了。

皮日休站起身来，不再回忆。

当年十二岁登基的唐僖宗早已成年，逃离京都三年后，又回来夺这个动荡的长安。好几个月，战火连绵不息，百姓不得救赎。谁又真能救黎民于水火，谁又真是济世救命的英雄？不过都是被战火卷入时代洪流的普通人，做了一场轰轰烈烈的天下梦，到头来也一场空。

皮日休忽然想起同陆龟蒙泛舟松江，听渔夫醉歌时作的那首《醉渔唱晚》，或许真的："醉眼冷看朝市闹，烟波老，谁能惹得闲烦恼"之意。

这一年春天，人事无常，世道多艰，唐末最大的农民起义快要覆灭。几个月后，长安又恢复了短暂的安宁，但那位忧国

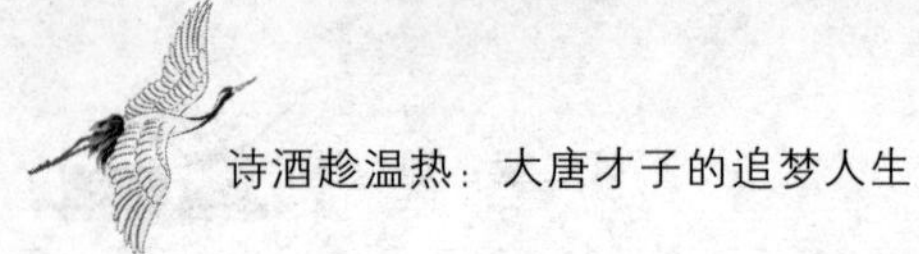

忧民的文人皮日休却不知所终。

人们纷纷猜测，他或死、或走、或流浪、或隐居，好似都有道理，又好似都无关紧要。他留下的诗、写下的曲、走过的路、亲吻的风，都还在。唯有他，像一只从鹿门山的云中幻化而出的鹿，自顾自行走，不见踪迹。

鹿门山的春天也不再有他了。

皮日休在唐末的历史里来了一遭，便走了。他没有做什么惊天动地的大事，也不是什么改变世界的英雄。他有才华，但同盛唐时期的文人墨客比起来，又是那样的不值一提。

但他也不曾做一件坏事，尽可能地向上，做出守护世界的姿态。这姿态在盛世里显得太过寻常，在富贵人生里又显得太过痴傻。

但在属于自己的人生里，清醒地，冷静地，走自己的路，做认定的事，那就是自己的英雄。

第三章　行路难

我们不必体面，可以胡言乱语：

从明天起，我要做一个幸福的人，

拥有无尽的秋风，和开不尽的花朵。

杜甫：你可以永远相信的人

杜甫是什么做的？

脆弱的美丽的幸福、漂泊的长久的不幸，

和开开合合的道。

杜甫就是由这些做成的。

杜甫在离幸福最近的地方。

杜甫在成都的浣花溪畔。

杜甫不再辗转，不再流离。

杜甫有了自己的房子。

这房子就在百花潭旁，有青竹环绕，荷花留香。慢慢地沿着溪水走，还能看到邻居黄四娘家的小路两边开满了鲜花，有蝴蝶纷纷，有黄莺声声，所有夏天的、美丽的、盛开的都扑面而来，好像世界都要因此变得柔软而温情，明亮而活泼，令人流连忘返。

杜甫就在离幸福最近的地方，美景在前，妻儿在侧，战争与缭乱在后，他端坐草堂，将饥饿与落魄踩在脚下。

这样的日子过了一年，转年的春天，杜甫五十岁了，他种菜养花，养家糊口，像个农民一样，快乐地迎接着一场春雨，写了《春夜喜雨》：

好雨知时节，当春乃发生。

随风潜入夜，润物细无声。

野径云俱黑，江船火独明。

晓看红湿处，花重锦官城。

雨趁着夜色推开春的门，细腻而无声地滋润着大地；

风趁着大地偷懒的片刻，吹亮江上小小的摇荡的船；

花趁着风调皮捣蛋的时候，顶着一头雨，在水滴中姹紫嫣红，让锦官城变得剔透而艳丽。

此时，杜甫好像是幸福的，因为这景色是幸福的。

杜甫好似很会表达幸福，令人身临其境。

那曾经的幸福的影子如同一朵巨大的云，自少年时代就跟随着他。

那时他大抵不知道什么是幸福，因身处其中，便把一切当作理所当然。

杜甫出生于一个大家族——京兆杜氏，他可能并不是其中的翘楚，也不是这棵家族最纯正的枝杈，他只是枝繁叶茂中的一片叶子，但也那样轻易地被这个不断出现权臣、文人的树滋养得翠绿。

杜甫的一切都来得轻易，好像命运就是那样的眷顾他。

杜甫的少年是富足的。很多时候富足不仅代表着金钱，还代表唾手可得的快乐、信手拈来的幸福，那些不需辛劳而获得满足的瞬间，那些纯粹只为了自我需求而去追逐的愿景。低下、迁就、自卑、牺牲从不会出现，富足的周围是安全的，有无数人的目光会去赞赏，有无数人的双手会去支撑。向前走，只需迈开步伐向前走，就是一个伟大的可以获得夸耀的旅程。

杜甫只需轻松地向前走，就能看到很多人穷极一生都无法触及的风景。

杜甫看过了公孙大娘舞剑。

美丽的柔软的女子同沉默的冷硬的剑站在一起，舞蹈在一起，灵动在一起。那剑尖挑起辽阔的山河，剑光闪耀着明媚的盛唐。出剑时犹如天神驾着游龙在天上翱翔，收剑时好似平静的海面包裹着一切，也宽容着一切。

年少的杜甫触到了艺术的灵光。

那也是盛唐的荣光。

那时有无数的艺术在碰撞，在生根、发芽，在风中肆意生长。

那时的艺术是浪漫的，也是流行的。

杜甫就生在艺术最为繁盛的权贵之家，理所当然地成长为开口咏凤凰的少年。

杜甫也理所当然地被王公贵族们接纳，站在一场又一场文艺聚首的宴会中。

杜甫就在那些宴会中，听过了李龟年的歌声。

那时的李龟年是著名的歌唱家，流转于豪门之间，好像听歌的与唱歌的没有什么不同，都是那样的快乐，光鲜亮丽地攀附着盛唐之音。

杜甫也见过了画圣吴道子的画。在北邙山上，他的目光一寸又一寸地“触摸”那些笔墨。

杜甫就这样，成长在艺术中，成长在浪漫与幸福里。

读万卷书，当然也要行万里路。那个年少上树摘枣的少年，也要一跃上马，看万千山河。

杜甫十九岁，开始了第一次漫游。

他先去了稍近一些的晋国故地，而后南下，在江浙一带待了很久。这里不同于北方，这里随处有水，随处有温柔，随处有诗，随处有篇章，任谁都会被这里湿润的空气包裹，好似沉溺于一汪永远爱人的泉。

杜甫这个公子哥在这里一待四年，大抵快要沦陷时，才终于想起自己是谁，匆匆赶回故乡参加乡试。乡试完了，杜甫又去了洛阳参加进士考试，可惜，落第了。不过，杜甫也就叹了几口气，然后就借着这股惨劲儿开始了第二次漫游。

杜甫的父亲当时正在兖州做司马，管一些兵马，杜甫美其名曰去省亲，其实是跟朋友一起去齐鲁大地上撒野。

二十五岁的杜甫，还没吃过什么苦，年轻，也有梦想，心比天高，但玩乐万岁。反正他如家人所愿去参加了科考，虽然结果不理想，那也没办法，去找找父亲撒撒娇诉诉苦："让我在这里待着吧，陪着你，也让我看看这里的山水，说不定就能让我的才华更上一层楼。"

杜甫真的才华踊跃，他写出了无数人眺望时吟咏的《望岳》：

岱宗夫如何？齐鲁青未了。
造化钟神秀，阴阳割昏晓。
荡胸生层云，决眦入归鸟。
会当凌绝顶，一览众山小。

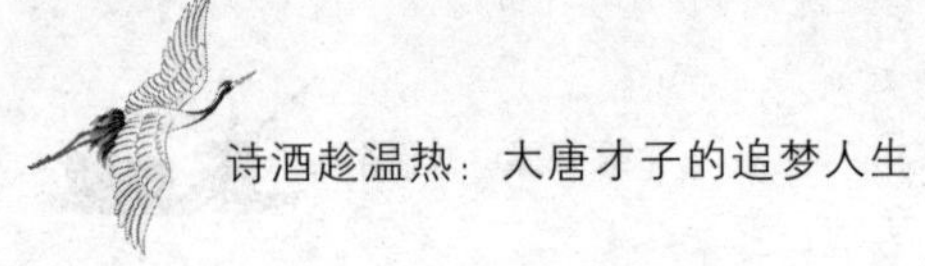

杜甫豪情万丈，他说，他一定会登上高峰，那时群山渺小，匍匐在他脚下。

落第后的几声叹息都烟消云散了。

而他在兖州，看过的骏马和雄鹰，不论是真实的，还是纸上英姿，好像都在这场渴求的登顶中急速远走，那裘马清狂的快意生活也急速远走了。

杜甫在兖州待了八年。二十五岁时，他还称得上年少，但是三十三岁，再说少年便显得有些尴尬了。

在兖州的前几年，杜甫在父亲的庇佑下，有吃有喝，肆意飞扬，曾经的幸福不断延伸，直至死亡的来临。杜甫的父亲病逝，那些被幸福包裹的生活不再被精心保养，如同丧失了主人的青铜器，被氧化，然后片片脱落。

杜甫的母亲早逝，现如今父亲也不在人世，他虽然在一个大家族中，但真的再没有可以理直气壮伸手要钱的地方了。

不过大抵他还有些积蓄，于是，幸福暂时搁浅，杜甫开始慢慢接受一些他不得不接受的现实。

裘马清狂的生活急速远走了，再也回不来了。

后来，杜甫遇到了当时大名鼎鼎的诗人李白，这是他幸福终点的最后一场梦。他崇敬李白，他们一同游玩梁宋，后来还遇见了高适。这三位在后世眼中的大诗人，当时好像都过得不好，但也没那么差，诗篇作伴，举杯遨游，也不失为一场幸事。

第二年，杜甫又遇见了李白，他们讨论仙道，甚至还去拜访隐士，然后互赠诗篇。杜甫对李白恋恋不舍，但他们还是分别了，再也不曾见面。

杜甫的最后一场梦也结束了。

这是杜甫富足生活的终点，这时他应该明白了什么是幸福，因为他正在失去。曾经那些轻易获得的东西，一部分永远留存于心，一部分永失于此。

原来命运的眷顾，名为无常。

杜甫开启了他现实主义的诗篇。

他去了长安。

三十六岁的杜甫，有梦想，名为施行仁政。如果他的生活可以称为无常，那太多人在遭受痛苦。由己及他，杜甫是悲悯的。杜甫又一次参加科考。但是，只因为当时的宰相李林甫自编自导了一场天下已经没有遗漏的人才这样一出荒诞剧，那场科考的士子就全部落选了。既然人才都已经被朝廷招揽完了，你们这些科考的人算什么呢？像是任人踩踏的蚂蚁，也是可以随意丢弃的猫狗。

杜甫没有放弃。他不断奔走在长安城中，有人是他很遥远的亲戚，也有人听过他的姓名，但他不再是权贵豪门中的一个了。他没有官职，他的父亲母亲也不在了，有些童年时的叔叔

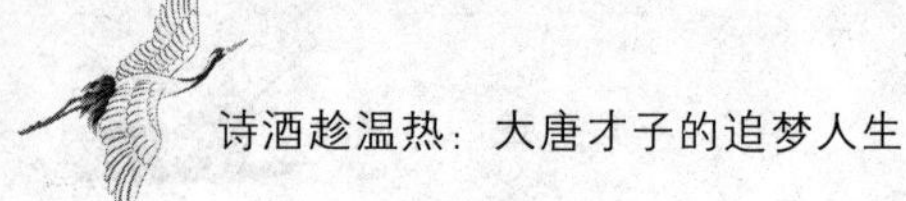

伯伯或许愿意接济他，但也不会为他通仕途，走关系，他还是不得志，贫穷、愤懑、不甘，困守长安。

四十岁，杜甫迎来一点儿转机，因为给一场祭祀盛典献赋，受到了玄宗的赏识，他终于获得了进入官场的门票。但是可惜这场赛制的主办人仍是李林甫，李林甫并未让杜甫进入门中。又过了几年，四十四岁的杜甫不得不接受一个看守兵器的职位，还是站在门口，当一个看门人。

杜甫好像永远在门外，不曾入内。

自来长安，已有八年。杜甫就获得了这么一个低微之职。但也就这样吧，该回家看看了。

杜甫不再是曾经的肆意少年，他游走在世间，看到了高门贵府，也见过了贫穷潦倒。

杜甫回家省亲，他从长安出发，途经骊山，去到奉先县，那里有他的妻儿。

杜甫是在半夜出发的。

杜甫带着不甘、穷困、烦闷与潦倒，带着长安黑压压的云，孤零零地行走出长安的街道。寒冷裹挟着他不断前行，无法实现的抱负沉重地压在他的肩头。

冬天了，唐玄宗带着杨贵妃在骊山中的温泉中恣意地享受，那里还有很多音乐、诗篇、画作，穿着绫罗绸缎的权贵们高昂着尊贵的头颅，睥睨世间。

但那些人为祖国山河做了些什么吗？没有，他们奢靡，不曾将英才聚集于朝堂之中。

而那些穷困的织锦的妇人，运送布匹的汉子们，被鞭打、被折磨，并没有被那些高高在上的人所拯救。

他们的好从不来自这个王朝，坏却一层一层得诸其身。

杜甫在《自京赴奉先县咏怀五百字》中写道："朱门酒肉臭，路有冻死骨。"

他好像触碰到了什么惊心动魄的事物，又好像只是寻常。

他不知道的是，安史之乱即将来临，安禄山已经带兵反叛，只不过那消息还在路上，想要给这个冰冻的王朝最后一个体面的冬天。

但是杜甫已经触碰到了厄运，他回到家中，听到哭泣，原来是他的小儿子饿死了。

或许那惊心动魄的事物就是这个吧，是死亡，是磨难，也是寻常。

紧接着，安史之乱爆发。第二年，杜甫举家搬迁避难，杜甫听说玄宗逃窜，肃宗在灵武即位，他竟想要只身去灵武投奔肃宗，好像这个唐朝还有希望。

杜甫就是这样的迟钝，当年他的父亲去世，他就留在还有幸福阴影的角落，现如今，盛唐落没了，他却还相信一切都能变好。他好像永远失望，也永远相信，他从不吝啬他的感受，

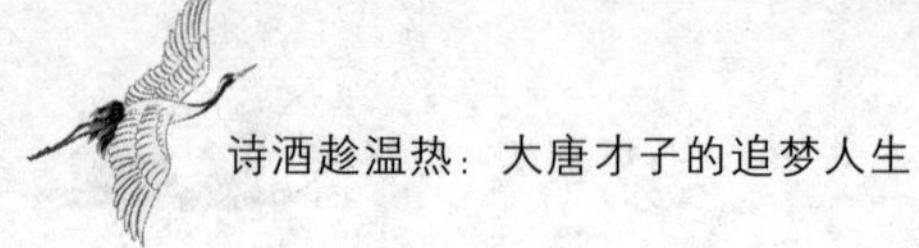

并永远追随与忠诚。

杜甫在去灵武的路上被叛军俘虏，然后押至长安。

这年，杜甫四十五岁了。他的一生不断失去，失去富足，失去家人，现在还失去了和平。他有过富贵享乐，肆意妄为，也有过寂寂无名，不甘落魄，但是他从不曾自怨自艾，吝啬表达。

他不曾缅怀过去，缅怀那些失去的。

他只活在当下。他不要无言的体面，他抱怨，就大声地说；他慈悲，就拼命地悲痛与忧愁。

所以，安史之乱后的杜甫，一个落魄的文人，跟随着落败的唐朝东奔西跑。

杜甫被囚禁在长安，第二年，他写了《春望》：

国破山河在，城春草木深。
感时花溅泪，恨别鸟惊心。
烽火连三月，家书抵万金。
白头搔更短，浑欲不胜簪。

杜甫的白发因为愁苦，都戴不住簪子啦！

没过几个月，杜甫趁着唐朝的大军来到长安北方，冒险逃出长安，投奔了肃宗，终于得了一个拾遗的职位。但是很快，他又因为政见不同触怒肃宗，被贬去了华州。从此，肃宗不再重用他。

杜甫好像看到了他仕途的终点，他烦闷、愁苦，他在华州写《早秋苦热堆案相仍》：

七月六日苦炎蒸，对食暂餐还不能。
常愁夜来皆是蝎，况乃秋后转多蝇。
束带发狂欲大叫，簿书何急来相仍。
南望青松架短壑，安得赤脚踏层冰。

在这样蒸笼一样的天地之中，杜甫如同一块无力的烤肉，反复翻转，害人的毒虫和恼人的青蝇就在周围虎视眈眈。他被压制着不能做想做的事情，只想发狂大叫，想要从心所欲，但可惜不能逾矩。

这年，长安收复，但是盛唐不再。

这年，杜甫又回到长安，又被贬华州。

反反复复，他还是在门外。

杜甫不再强求进入那个格格不入的世界。他的眼睛只需从那些无望的愿景中离开，就可以看到另一个世界的景象。那不是尔虞我诈的朝堂，也不是你争我夺的政局，那是战争带来的灾难，那是活生生的人站在你的面前，满目不解与哀伤。

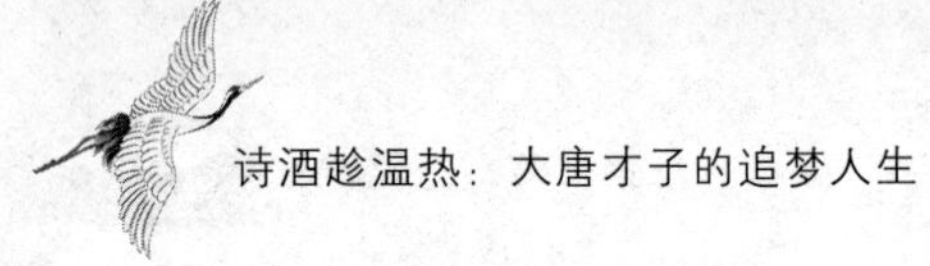

杜甫写下了不朽的史诗——“三吏”“三别”。

看着那些因为征兵而被从母亲身边拉走的少年，因为儿孙都去了战场而不得不充当名额的老妇，因为战争而荒芜的田野，丢失的家园，老人不得安宁，新妇不得笑容，硝烟弥漫，有人问，何乡为乐土？

无人回答。

离开吧，杜甫逃也似的离开，离开这污浊的政治，离开这作恶的官员。

杜甫去了成都。

战争也渐渐地平息了，杜甫不再辗转，不再流离。

他开始写美丽的诗句，好像这世界如同诗句一样美丽。

但人生从不依附于美丽的东西，因为那些如此脆弱。

人生常常淹没在金钱、权力以及时代的洪流中。

杜甫此时是逃脱战乱的一个老夫，无官无职，因为他的朋友严武做了成都的一方大员，才投奔而来。杜甫将自己的妻子儿女都接来，开始盖一所房子，择一处安宁。这座房子缺什么都要向朋友要，缺茅草啦，缺树苗啦，杜甫才不会客气。严武对他也好，给了他一个官职，还时常接济他，他的日子才过得下去。

杜甫倒是没有什么文人执拗，大方要，别人也愿意给，这样最好，但是撕掉朋友这个标签，寄人篱下才是他生活的本真。

杜甫当然也担心，他在《狂夫》中写道：

万里桥西一草堂，百花潭水即沧浪。
风含翠筱娟娟净，雨裛红蕖冉冉香。
厚禄故人书断绝，恒饥稚子色凄凉。
欲填沟壑唯疏放，自笑狂夫老更狂。

杜甫说，他好担心啊，如果他的朋友与他断绝来往，那么，他的儿子就要忍受饥饿，可怜万分。

但是又能怎么办呢？要哭泣吗，要祈求吗，要责备自己吗？

杜甫才不，他才不要为未发生的事情忧虑，大不了就是穷困潦倒而死，将他这把老骨头去填了沟壑，现在他什么都没有，但是狂放不羁比从前更甚。

杜甫这样想着，自己都将自己逗笑，我真是狂夫啊！

杜甫从不吝啬表达。

他是这样的敏感，牢牢地接住生活的触须；他也是这样的疏放，不让这些触须缠绕脖子，掠夺呼吸。

杜甫好似很会表达幸福，令人身临其境。

但这不是因他身处其中，而是曾经得到，那满溢的情感流淌于此，才让这感觉能够传递。

他也很会表达怒哀乐愁，令人如友在旁。

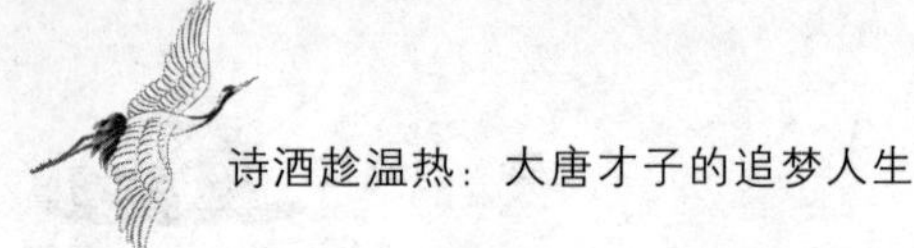

因为他从不隐藏，万千人的情感聚集于此，才让这感觉穿越时光。

杜甫这一生，感怀自我，也感怀他人。

很多苦难，避无可避，那就请呐喊；很多幸福，轻而易举，那就请享受。

不是幸福才值得表达，不是不幸才惹人同情。

千万人的梦也请说。

杜甫在他的草堂中，离幸福很近。但是，一阵秋风吹过，草堂的茅草就被刮跑了，这幸福刹那就没了。

杜甫写了《茅屋为秋风所破歌》：

八月秋高风怒号，卷我屋上三重茅。

茅飞渡江洒江郊，高者挂罥长林梢，

下者飘转沉塘坳。

南村群童欺我老无力，忍能对面为盗贼。

公然抱茅入竹去，唇焦口燥呼不得，

归来倚杖自叹息。

俄顷风定云墨色，秋天漠漠向昏黑。

布衾多年冷似铁，娇儿恶卧踏里裂。

床头屋漏无干处，雨脚如麻未断绝。

自经丧乱少睡眠，长夜沾湿何由彻！

安得广厦千万间，大庇天下寒士俱欢颜！

风雨不动安如山。

呜呼！何时眼前突兀见此屋，

吾庐独破受冻死亦足！

他说："安得广厦千万间，大庇天下寒士俱欢颜。"

梦想还是要有的嘛，万一实现了呢？

但是杜甫只能做梦，这距离幸福最近的日子，也不过过了两三年，随着严武的死而结束了。

杜甫又重新开始了漂泊。

杜甫去了奉节，在那里有都督照顾他，他为公家管一百公顷田地。他在那里住了一段时间，重阳节的时候，写下了《登高》：

风急天高猿啸哀，渚清沙白鸟飞回。

无边落木萧萧下，不尽长江滚滚来。

万里悲秋常作客，百年多病独登台。

艰难苦恨繁霜鬓，潦倒新亭浊酒杯。

杜甫开始思念家乡了。

其后几年，杜甫向北漂泊，想回家乡一趟。可惜，最后他

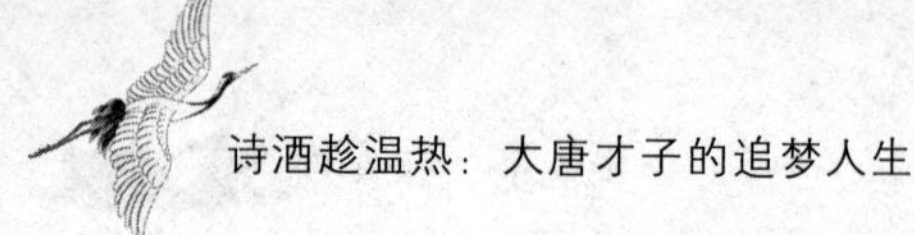

在去往岳阳的一条船上去世了。

或许幸福就在彼岸。

五十九岁的杜甫，死亡让他沉默，他不再表达，所以我们对其死因一无所知。

但杜甫从不吝啬表达。

那我们也不应该吝啬表达，这或许是对他死亡的敬重。

我们不必体面，可以胡言乱语：从明天起，我要做一个幸福的人，拥有无尽的秋风和开不尽的花朵。

这好像痴人说梦。

但杜甫会跨过死亡，说："我懂你。"

你可以不相信命运，但可以永远信任杜甫。

王维：人间良药是山水

王维是什么做的？

深夜的竹林、月亮的倒影，

和秀美的山川与流淌的河水。

王维就是由这些做成的。

王维独自居住，远离人群。

王维在打扫屋舍，等待来自远方的僧人。

他们可以坐在灯下，吃素食，燃香，论佛道，在时光里寂静地缓慢地度过，所有的令人波动的月光都消散在风里。世俗如灯，灭于黑夜，唯独抬头看星星闪烁，是整个浩瀚天地的一

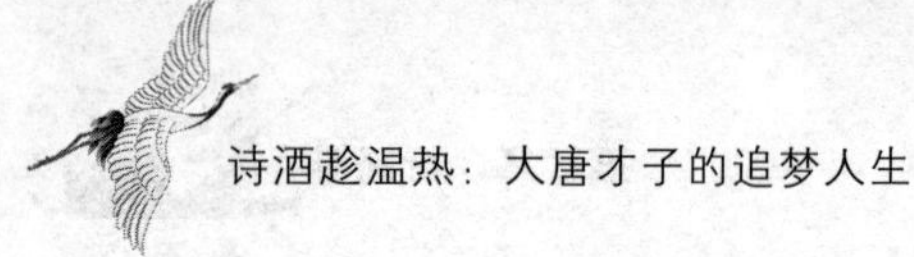

点儿偏爱，置身其中，更觉安心。

他们如同在朝圣路上长途跋涉的旅人，只求寻人生道法，令世事皆无，唯一点儿安宁与闲适。

王维说：

一悟寂为乐，此生闲有余。

思归何必深，身世犹空虚。

——《饭覆釜山僧》（节选）

王维以为，一旦悟到了寂灭的快乐，那这一生都会觉得闲适安然。何必去想归隐不归隐呢，这一切不过虚空罢了。

但是王维从未有如此洒脱。

这一年，王维悟不到快乐，他处在深深的愧疚与自责之中。他在朝堂与田园之间徘徊，在伤心与无心之中翻滚。他想隐居辋川别舍，但依旧被旧事牵绊。六十而耳顺，他倒是什么都能听下去，但是并非持中庸之道，而是不在乎了，不在乎什么痛苦与挣扎、家国与情怀，只求自己放下，就像曾经的自己高高地举起那样，轻而易举地放下。

王维从未是低下的，他来自名门望族。

在古代，看看诗人的母亲，就可晓得他们的出身。这出身不是地位的显赫，不是衣食无忧的富足，而是一种经年浸透深入骨血的风格。这风格如竹，飘飘摇摇地立在诗人长久而曲折的人生中，翠绿、不倒。

王维的母亲来自赫赫有名的博陵崔氏，懂画，尊佛教，只寥寥几笔，就得一股淡雅之风飘然纸间。而王维的父亲则来自江东五大望族之一的王氏，懂诗文。王维的祖父则是个乐官，自是精通音律。

所以，诗、书、画、乐样样精通的王维，好像也是有迹可循的。这轨迹是童年的幸运，带着一种命运的偏爱，得大家族的庇佑，比那些在旷野里成长的孩子多了很多非自然而可塑造的品德、才华、教养与心灵抚慰。很多时候，肉体的痛苦不足挂齿，心灵的创伤才难以治愈，童年获得的灵药，是任何一个阶段都无法重造的。

王维可以用童年治愈自我。

不过这点功效并不强大。

王维的父亲早逝，于是命运的偏爱停止，大家族的庇佑有大家族的荣光，亦有大家族的重担，何况这家族并非京城权贵，不过是偏安一隅的高门大户。王维学有所得，十五岁的时候带着期盼、责任和憧憬，远离家乡，去长安求仕途。

王维一直都知道自己需要什么。他的需要像无数文人一样，寻求一个官职，一个可供自己生活、供家人生活的职位。毕竟他的家里已经没了父亲，那就更需要金钱来维系。

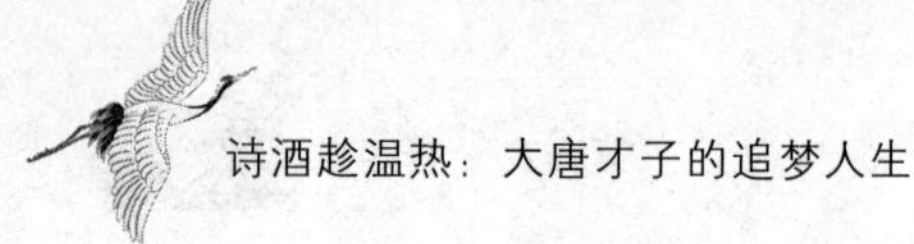

王维从不是什么清高的文人，他好像总是有淡然的底色在，有少年意气，也有少年灵巧，他没有走挨挨挤挤人最多最寻常的那条路，而是循了一条流行之道。

最寻常的那条路，曰科考。一步一个脚印地考，从家乡一点儿又一点儿地向外走，兢兢业业地攀登。但这其实最费力气，即使登上山顶，也要叩拜权贵，才能入得了那富贵门、权力场。

王维当然不想做这种艰难的事情，那就走唐朝渐渐热门的隐居至仕这条小道。唐朝颇为重视人才，常常会有寻访隐居人士这类的诏书，所以文人们纷纷像蘑菇一样去山里居住，不时地写着诗文留下名声，然后等待着帝王的雨水降临于林中，让他们得以崭露头角。

不过这看似飘逸的修仙之路也寂寞，因为身在山中，心在朝堂。

王维怀念家人，不过是少年脆弱时的一点儿倾诉：

独在异乡为异客，每逢佳节倍思亲。

遥知兄弟登高处，遍插茱萸少一人。

——《九月九日忆山东兄弟》

王维也想撒撒娇吧，像是令人疼惜的幼鸟。可惜他已是少年。

还好他的身边还有朋友。他十七岁的时候认识了祖六，他们真是心意相通的朋友。

祖六的交际很广，带着王维结交朋友，带着王维一起居住在终南山上。他们还一起去洛阳金园游玩，一起等待帝王的召唤。他们在山上时，一定凝望过很多次长安，那长安就在他们的脚下，隐藏在远处的风中。

有过很多憧憬吧，他们毕竟都是诗、书、乐样样精通的少年。王维说："祖六，你的字是帝王愿意私藏而挂在宫墙内反复欣赏的，你的诗词也流传很广，一直到宫中。"

说这话的时候，王维十八岁，他还要过很多很多年，但是祖六离世了。

王维悲痛不已，在《哭祖六自虚（时年十八）》中写道：

乍失疑犹见，沉思悟绝缘。

生前不忍别，死后向谁宣。

王维说："刚刚失去你，我以为还在旧日里，还能再见到你，但是沉下心来想想，我们的缘分已尽。生前我都不曾忍心同你道别，但是死后这道别的话我又去和谁讲呢？"

他们没有等到他们期盼的仕途，就有一人不再前行了。

王维哀而不伤，在《哭祖六自虚（时年十八）》又说：

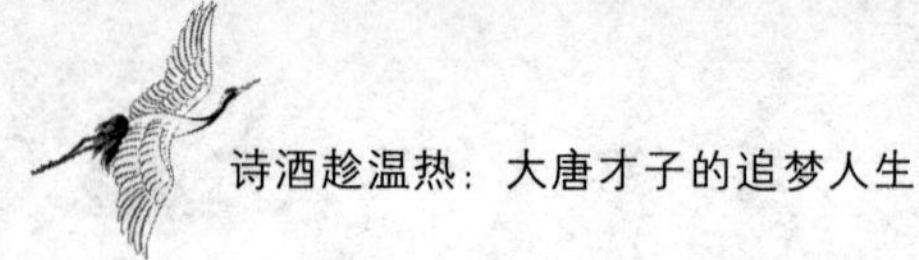

念昔同携手，风期不暂捐。

南山俱隐逸，东洛类神仙。

王维是怀念他们这一年的时光的。

山水带给王维慰藉，但不曾阻止他的脚步。

祖六的死给了王维一记警钟，他不再在山中等待，等待一次不知何时可来的垂青。他再次走去长安，做那些游宴上的宠儿。他们喜欢他的诗，他就作诗；他们喜欢他的琴，他就抚琴；他们喜欢他的画，他便作画。王维的性格自带禅意，又不免世俗，就像他之后的人生。

这样好脾气的王维，当然自带社交氛围，于是，王维得偿所愿地踏入了仕途，像他的祖父一样，得到一个负责礼乐的官职。但是王维在这职位上没待多久，便被贬了。二十二岁的王维，因为一出《黄狮子舞》，这个本来只能演给天子的戏被王维演给别人，这个事情看起来是小事，不杀人不放火，但是触怒皇家威严，便似直捅帝王死穴，简直是自断前路，无人来埋。

其后十余年，王维开始了半官半隐的生活。

这是王维渐渐展露自我的时刻，也是王维徘徊纠结的开始。

王维沉寂下来，像一棵在冬日里生长的树。

他先是被贬济州，后又到了竹林七贤常聚的淇上，而后冬去襄阳送孟浩然，春在长安闲居，秋天赶赴洛阳，最后在嵩山隐居。

在这十余年间，王维辗转各地，王维遇见友人，王维妻子亡故，王维禅心复醒。

王维一边维系着仕途，一边又隐隐期盼隐居。但是，他在《偶然作》其三中说：

日夕见太行，沉吟未能去。问君何以然，世网婴我故。
小妹日成长，兄弟未有娶。家贫禄既薄，储蓄非有素。
几回欲奋飞，踟蹰复相顾。孙登长啸台，松竹有遗处。
相去讵几许，故人在中路。爱染日已薄，禅寂日已固。
忽乎吾将行，宁俟岁云暮。

他的家庭不允许他任性妄为，王维再到长安，去到那个自带魔咒的地方。

王维给当时的宰相张九龄写了干谒诗《献始兴公》：

宁栖野树林，宁饮涧水流。不用坐粱肉，崎岖见王侯。
鄙哉匹夫节，布褐将白头。任智诚则短，守任固其优。
侧闻大君子，安问党与仇。所不卖公器，动为苍生谋。
贱子跪自陈：可为帐下不？感激有公议，曲私非所求。

王维说：“卑贱的我跪地自陈，不知是否可以去您的手下做事？”

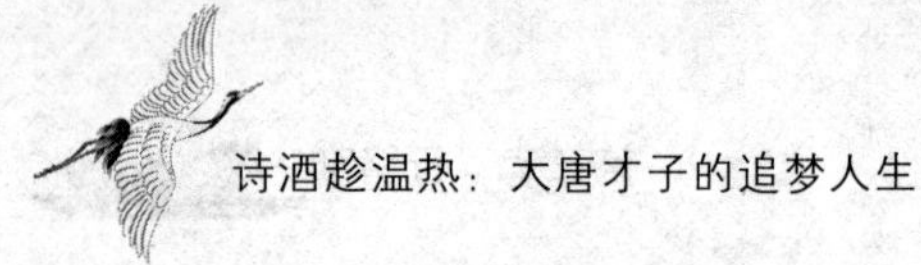

很多人不屑于写这种拜谒的诗句，但是王维倒是没有少写，有用就好，王维态度随意，好像他就是这样不择手段的俗人。

三十七岁，王维因为张九龄又得到了长安的一个官职——拾遗。第二年，张九龄下台，李林甫上位，虽张九龄对王维存知遇之恩，但王维还是将相同的拜谒诗送给了李林甫。这一年，王维作为监察御史兼节度判官出使凉州。

这时的唐朝已经开始走下坡路了。

王维忽然从长安的混沌中走出，奔赴一片辽阔之地。

这里的景色如画。

王维在路上便写了《使至塞上》：

单车欲问边，属国过居延。
征蓬出汉塞，归雁入胡天。
大漠孤烟直，长河落日圆。
萧关逢候骑，都护在燕然。

辽阔的金色的沙漠，寥落的金色的傍晚，一缕青烟直去天际，一轮落日跌下云间。

王维当然也看到了很多的苦，但是他普度不了众生，他也不是永不回头的痴人，苦苦追求理想与奋斗，鞠躬尽瘁，死而后已。

王维在《少年行》里写过一个少年游侠。

这个游侠是个英雄，在长安的高楼里豪饮，在荒凉的边塞杀敌，他勇猛、果敢，杀了很多敌人，但是最后，赏赐竟然不是他的，而是一个不知名的将军。

这就是他看到的苦。

王维带着他辽阔的景色，回到了长安。

王维好像还是曾经的那副样子，看起来没什么可以惹怒他，也没什么可以戳中他，他不温不火地做着官。

但是他已经逐渐地丧失政治热情了。

但不是他不写那些苦难、伤痛、衰落的繁华与逼近的危险，那些就不曾存在。

过了几年，王维四十一岁的时候，张九龄去世了，他的好友孟浩然也去世了。

王维想起自己不久前在南方做的诗《鸟鸣涧》，想起那个夜晚：

人闲桂花落，夜静春山空。

月出惊山鸟，时鸣春涧中。

那样寂静的安然的夜晚，好像是偷来的一样。

王维得到的太少了，老朋友不在了，很多旧的事物也开始消失。

王维在《送元二使安西》中说：

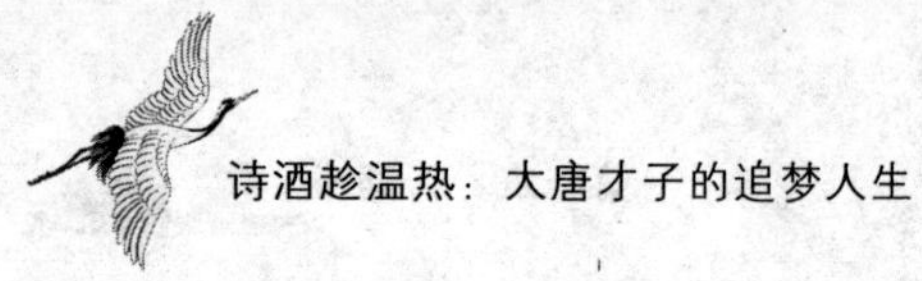

渭城朝雨浥轻尘，客舍青青柳色新。

劝君更尽一杯酒，西出阳关无故人。

那些故人竟也一个又一个消失了。王维不知道他自己挣扎潜伏于世俗之中，除了生存，还留下些什么。

王维是敏感的。他看似随和，是因为包容了无数的明枪暗箭。这不是什么英雄手持的宝剑，而是很多回想起来还苦的瞬间。王维不擅长拥抱苦难，那就先存放起来吧，和解大约也难。

王维只想治愈自我。

离家，丧友，亡妻，好像是很多人都曾经历过的，但也正是很多人难以忘怀的。

而仕途不顺，国家飘摇，亦是不争的事实。

王维的心上有很多疤。他的身与心分离，灵魂好像还在十七岁时的终南山上，那时渴求的仕途，再回首，也不过如此。

王维自去寻找自己的乐园。

四十五岁，王维在蓝田盖了辋川别舍。

王维的《山居秋暝》描写了这里秋雨后的黄昏：

空山新雨后，天气晚来秋。

明月松间照，清泉石上流。

竹喧归浣女，莲动下渔舟。

随意春芳歇，王孙自可留。

雨水敲敲山的耳朵，说醒醒啦。等到雨停，漫山遍野的花朵都还在开放。皎洁的月光从松间洒下，落在山石上，泉水上，懒懒地躺着。竹林间忽而有一阵喧嚣，应该是洗衣服的姑娘们回来啦。那湖水上的莲叶轻轻地摇摆，可能是被船橹拨动了心弦。

春天的花草就让它消散，秋天的山中王孙自可以逗留。

王维在辋川，好像又回到了青年时期，又度过了十年半官半隐的生活。

但是，他早已知道自己想要什么，在《竹里馆》中写道：

独坐幽篁里，弹琴复长啸。
深林人不知，明月来相照。

在辋川，王维不再是那个温暾的一心求官的人，他躲起来，躲在自己的净土里，开始自我治愈。他万事不挂心，只坐在竹林深处，一边弹琴一边高歌长啸，无人知他去处，只有明月相伴。

王维就处在净土中，佛中，禅中。

这样的日子，在唐朝的落寞中，显得尤为珍贵。

而后，他的母亲去世了。这就像是一个不祥的征兆。

王维五十七岁的时候，安史之乱爆发，安禄山攻陷长安，

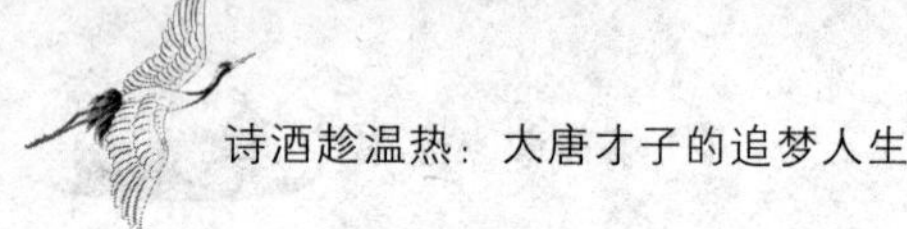

王维被俘后吃药想假意称病，未果，被迫任伪职。王维万分痛苦，作诗表达了亡国之痛和悲伤之情。转年，长安收复，又是一阵兵荒马乱，王维因为自己的弟弟平反有功为他求情，同时又曾写诗明志，才没有被堵住生路。

而后的两三年，王维仍旧做官，甚至做到了尚书右丞，这是他一生当中最高的官职。

但是王维不在乎了。

王维的情绪有很多种，但除了少数几首诗里的思念、伤心、落寞或者自我贬低外，波动很少。他缺少很多豪迈诗人的飘逸与洒脱，也缺少现实主义诗人的悲痛与苦难。他不在乎是盛世还是乱世，也不在乎人民的苦难与国家的悲痛。

王维就是这一条自私的河流。

少年时的王维不曾有太多的意气之举，中年也无太多伤痛言表，到了老了，也很少说自己的年迈与体弱。

其实，他在乎自己的被俘，没有为了名节而舍生忘死；他在乎自己的“偷禄苟活”“德在人下”，他为此感到愧疚和耻辱。

王维最后的三年，一边做官，一边去辋川隐居。

那里有山有水，有远方的僧人，还有一个叫裴迪的友人。

王维的诗，大家都说其中有画；王维的句，大家都说自带佛法。王维像是唐朝的一味良药，自带山水味道，令人望而生静。

但一个“静”字，无人赠予王维。

王维便自我赠予，自我治愈。

王维在死亡的最后一年，上书辞官，想要真真正正地去隐居，不过他没隐居几个月便离世了。那几个月里，他在佛法之外，倒是有点疏狂的味道。

王维写了一首《辋川闲居赠裴秀才迪》给好友裴迪：

寒山转苍翠，秋水日潺湲。

倚杖柴门外，临风听暮蝉。

渡头余落日，墟里上孤烟。

复值接舆醉，狂歌五柳前。

秋日流淌，黄昏倒立，山野立于绿之上。

暮蝉吟唱，茅舍洞开，拐杖立于我之前。

炊烟缕缕，落日斜照，寂静立于水之畔。

王维碰到喝醉了酒的裴迪，裴迪在他的面前唱歌。这歌声让这片山川微微晃动，好像一个影子摇摆，但是王维在这摇晃中好像看到了十八岁时的自己，好治愈。

这一点儿自我所求的治愈，便是寂灭吧。

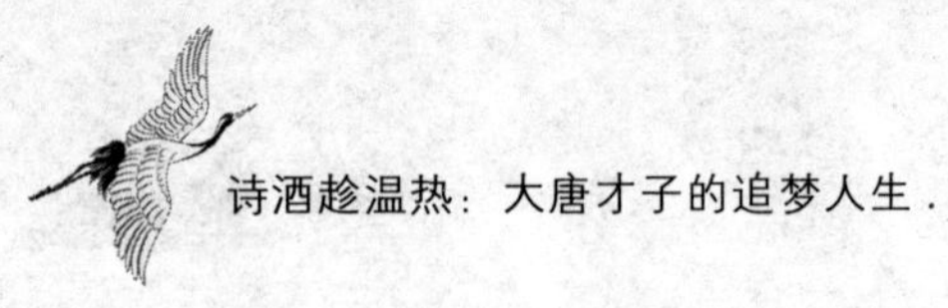

薛涛：无人询问花的意愿

薛涛是什么做的？

无用的赞誉、黑色的幕帘，

和张牙舞爪的暧昧。

薛涛就是由这些做成的。

南越进献的那只孔雀在笼中死去了。

薛涛知道这个消息的时候，树上正簌簌地掉下叶子。这一年，她在吟诗楼中，安然而寂静。她自觉老了，很多很多新人上门来，她都不愿意见了；很多很多的旧事物，她倒是愿意听闻消息。但那些如同坏掉的梳子、老旧的门板一样，只不过是随着时间流逝而凋零的生命，她听了并不悲伤，也无什么回忆。

只有今晚，一只动物的消失，如同一个无用的东西被丢进旧时光的屋里，继而激起无数尘埃。那尘土灌进口腔、鼻子和肺中，让她咳嗽、生病，陷入高烧般令人发热而苦痛的自我寻找。

几乎所有提起薛涛的人，都会同时喊出元稹的名字。这就像是一场高中生幼稚的起哄活动，生活中除了枯燥和无聊，就只剩下一点儿可以窃窃私语的风花雪月。当事人不一定还存着一丝半点儿的想念，但被人群一股脑地讨论和推崇，倒多了很多尴尬和非我的不快。

薛涛给人的印象如此尴尬，才情、美丽尽管重要，但爱情好像就是她的一切，她是男性的附属，好像也是历史的附属，只需贡献一些边角料的趣事，供人打磨时间，聊以自慰。所以她最苦痛的事情，就好似也应该听从众人的意见，声称人生的失利是爱情的失利，多么滑稽！如果说失去一个伴侣是一场大风刮过换了季节，那她作为一个成年人，再寒冷，也可以寻些衣服保暖，还到不了夸张的天塌地陷的地步。而等她老了，回顾一生，那不幸的开始，除了命运的捉弄，都应该源于那场十四岁的别离，一个少女推开门，换了世界的别离。

十四岁的薛涛，在偏僻的四川失去了父亲。这说起来是一件哀伤的，每个人都会经历的寻常的事情。

薛涛是有些像她的父亲薛郧的，在现实中带一点儿天真。薛郧是一个京城小官，正正经经老老实实的读书人，爱国家，爱人民，爱唯一的女儿。可以说，薛涛的才气，一半是他培养出来的。因为正经老实，看到人民苦不堪言，便上书希望能够减税。一个跟皇帝对着干的没有眼色的读书人，当然没什么好结果，他被皇帝扔到了遥远的四川。薛涛同父亲母亲一起，千里迢迢地从繁华都市走到荒凉之地。没过几年，薛郧因为沾染了瘴气生病，而后便去世了。

所有现实的问题接踵而来。总而言之，没钱，但要活着。

薛涛不知道是被谁推了一把，被迫从一个幸福快乐、有父母庇佑的梦中醒来，不得不掀开纱帘，伸出手，去触碰一个粗糙复杂的世界。古往今来，大部分人都会有这么一天的，只不过薛涛的这一天来得尤为突兀，尤为痛苦。

十六岁，薛涛入了乐籍。乐籍制度在中国开始得很早，这个名字对现代人来说颇具迷惑性，拥有乐籍的人虽然确实是从事音乐工作，但大多数是罪民、战俘等的妻女，入了乐籍，也就是成为了营伎。她们是诗人的缪斯，是传奇的灵光，是繁荣盛唐后的曼妙音符，墙上玫瑰，边塞杯酒，她们好似是所有美丽而柔软的化身，但独独不是一个自由而独立的人。

她们要抛掉自我、尊严，添上卑微、怯懦。年轻的薛涛还未意识到这些，前路似乎如此不堪。

她只知自己从天上坠落，双脚还没有踩到地上，便掉入了一个四面无风的牢笼。

薛涛没有选择，亦无法拒绝。

薛涛成为了一名营伎。

但也因此，薛涛的才华、美貌被无限放大，也被无限渲染。她像是一幅传世名画，从深山中拿出，拭去灰尘还不够，还要装裱精美，才能放入华堂，被观赏者顶礼膜拜。

薛涛被那些膜拜的眼神追寻着，被无数人喜爱着。与其说是她的错，不如说是世人的误。

每一朵年轻的花，都曾不可一世地骄傲过。

薛涛也有骄傲的资本。她精通音律，能歌会赋，书法也妙，各种才华在她身上结合，完美无瑕。

薛涛成为所有文人墨客的席上首选。

十七岁，薛涛同出任剑南西川节度使的韦皋在酒宴中相识。薛涛即兴作诗《谒巫山庙》，令她才华尽现，走向人前。

薛涛从此声名大噪。韦皋每一场宴席，她都会来，每一次接近，她都发光。

韦皋即使不会像个傻瓜一样沦陷，也会生出无限喜爱，像仰慕神的凡人。他将薛涛放于身边，不仅是留了一位佳人，也是得了一位伙伴。薛涛文笔极佳，所有的公文写起来，都华美无误。这些文案工作，对她来说，如同为自己装扮一样，简单而日常。韦皋想为薛涛求一个“校书郎”的官职，但是在唐朝，只有进士出身的人才可担此任，女子做校书郎，史无前例，因此并未实现。

但“女校书”之名，令薛涛头顶光芒。

薛涛已然被所有人追捧着。那四面无风的牢笼，现在被放大，精心建造，镀上黄金，将一颗举世无双的珍珠珍惜着，也囚禁着。

薛涛浑然无觉，自以为有将命运翻转的可能，是天真、纯粹，也是无知、愚蠢。薛涛自是人间尤物，围绕在一些人身侧，又从不属于他们，独自傲然。

韦皋心甘情愿，便是其中之一。南越献了一只孔雀，韦皋询问薛涛后，依照她意，开池设笼，放置其中。面对一只美丽的炫耀皮毛的动物，十七岁的薛涛，都未看到靠近自己的危险。

薛涛同韦皋，或许有爱，或许没有，但她同韦皋的亲密，世人皆知。趋之若鹜的官员为了求见韦皋，便从薛涛入手。薛涛从未看上那些金银，但也从不拒绝，照单全收，又全部上交。她还学不会小心翼翼，圆滑处世，便栽倒在此，头破血流。

韦皋将薛涛流放到更为偏远的西南小镇。那里是战争、贫瘠、慌乱和凄凉的人间。没有修饰的红尘，只有黑白两色，令人胆寒。薛涛给韦皋的诗里真真切切地记录着：“闻道边城苦，而今到始知。却将门下曲，唱与陇头儿。”薛涛两年前伸出帘外的手，终于被这粗鄙的世界刺破，她从天上坠落的痛苦，也终于自每根碎骨中传出。

薛涛开始学习认清生活的真相。

在此之前，她还是一个任性的孩子；在此之后，她便是一个学会成长的大人。

薛涛低下了她的头颅。薛涛有男子的风度、男子的笔力、男子的骄傲，但现在，她戴上女子低柔的面具，借此卑微之姿来换取逃离，逃离这令她恐惧而胆怯的鬼神之地。

她不仅想要逃离蛮荒，更想逃离那无法掌握命运的无力和软弱。

但她逃不掉。成人世界的大门，打开便不会关闭。

薛涛因此写下了令无数后人感慨的《十离诗》。她将聪慧放于屈辱之前，将现在放于未来之后。她像是一个普通、平凡、背着生活前行的人，不得不屈身于所有规则之内、世俗之中。薛涛将自己全部丢掉，全部打碎。她将自己比作那寻常无命的物、一只锋头用尽的笔、一颗被人摒弃的珍珠、一株移除亭台的竹、一块搬离玉台的镜，但这还不够，还不够令人动容，不够椎心泣血，不够自我折磨。于是，那大千世界中，谁都是她。那温驯听话的狗、勤劳忠诚的马、离笼无依的鹦鹉、水中跳跃的鱼、无臂可停的鹰、无巢可靠的燕，皆有她的影子。它们皆因一点儿无心之过，便被否定、被抛弃、被移除。

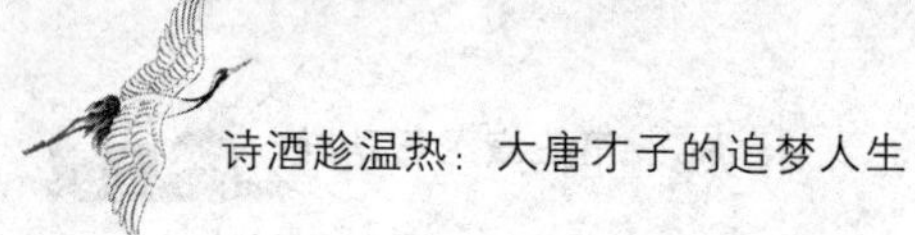

再也没有比这更悲切的诗句，字字句句，掏心掏肺，粉身碎骨。

但谁也不是她。

女娲造人时，满手污泥，满心劳苦，但仍要不断打碎、重塑，直至新生。

薛涛终究要落得以人为物的局面，才能懂得，也才能学会成为自己的创造者。

韦皋看了这满纸的乞怜和眼泪，将薛涛又召回了身侧。

或许所有人都以为薛涛屈服了，甚至无常的命运都不再眷顾她。

但薛涛从未认输。

薛涛归来不久，便脱去乐籍。她离开名利场，抛掉繁华，收敛一身风情，搬去了浣花溪畔。那里有蜿蜒曲折的水，满院的枇杷花和破碎的迎风而立的自己。

这年的薛涛只有二十岁。

薛涛写诗，品茶，高兴了弹奏一曲，伤心了泪洒一场，好不快活。

薛涛冷眼看人间。薛涛听说高崇文率军平叛成功，便写《贼平后上高相公》：

惊看天地白荒荒，瞥见青天旧夕阳。

始信大威能照映，由来日月借生光。

是气魄，是豪迈。

往后又过了二十载。再任的节度使来了又走，薛涛同他们都有所交往。那些才华横溢的诗人，白居易、刘禹锡、杜牧、张祜，他们有人爱她，有人敬她，有人欣赏她，而薛涛一一回敬，以诗会友。他们或许在月下把酒言欢，也在花前垂泪至天明，薛涛从不将女子的身份作为自己的枷锁，什么世俗，什么避嫌，什么流言，她不在乎。那些张牙舞爪的暧昧，她悉数收下，也悉数斩断。

每一朵成熟的花，都曾谦逊地面朝大地。

但那风情早就沁满人间。

薛涛二十年打碎自我，又用二十年，一片又一片地，重塑自我。

薛涛三十九岁，同才貌双全的武元衡有过一段情。这位被誉为“铁血宰相”的人，温文尔雅，他到任四川，他们因一场宴席靠近。

武元衡写了《赠道者》：

麻衣如雪一枝梅，笑掩微妆入梦来。

若到越溪逢越女，红莲池里白莲开。

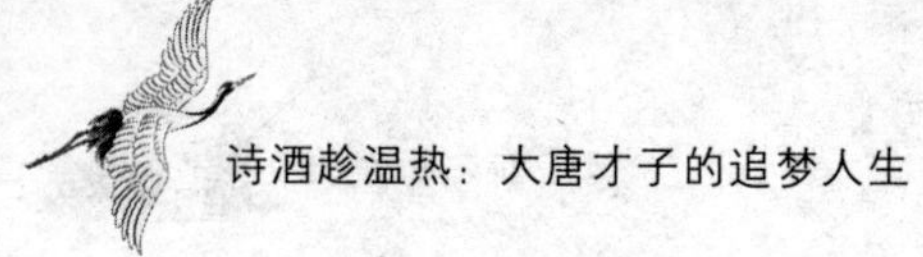

这是初见，抑或是梦中。

薛涛同武元衡应是有过暧昧的。这是薛涛对世界小心翼翼的尝试。这时她应有小女人的姿态，对未知，对爱。

曾经没有实现的“女校书”，在武元衡这里实现了。薛涛和武元衡形影不离。武元衡作诗《题嘉陵驿》，薛涛便和《续嘉陵驿诗献武相国》，好似一个懵懂少年，亦步亦趋地追随自己的伊人。

武元衡走后，薛涛写了《送友人》：

水国蒹葭夜有霜，月寒山色共苍苍。

谁言千里自今夕，离梦杳如关塞长。

这一场初恋，虽有离别的伤感，但更多的是为薛涛创造了一种可能。

于是才有其后的元稹。

薛涛遇到了多情又无情的诗人。她有了前一次爱恋的试探，这次才会如飞蛾扑火，那短暂的，如同火一样明亮的爱情，她无可抵抗，也不曾后悔。

薛涛和元稹只相处了三月余。元稹离开后，便不再爱她，只寻求下一场爱恋。

但薛涛已经累了。她其实是笨拙的，一腔勇敢，只一次便被消耗殆尽，需打破重塑。

情之一字，无人可藏，薛涛深陷其中，也乐在其中。

薛涛写了很多诗来描绘她的痛苦，但她不再惧怕。

薛涛又独自过了二十年，学会面对衰老，面对死亡。

孔雀死后的第二年，薛涛在百花齐放的夏永远告别尘世。

薛涛没有世人定义的美好结局。她没有美满的姻缘、绕膝的子女、平稳的日子，她的一生都在抗争，在痛苦，在经历生而为人的哀伤与寻常。

但她是星星，是落满天宇的璀璨，她有人性的光辉。那光辉在锦绣的唐朝是稀有的，在历史的长河里也是稀有的。她的一生，只把一句话说好了，若是有人懂，再好不过。

“嘿，世人啊，你应该知晓，所有的花朵，都应立于风之中。所有的爱恨，都应放在我之后。”

王勃：少年，请低头

王勃是什么做的？

美丽的春、刻薄的日，

以及很多不可一世的白与黑。

王勃就是由这些做成的。

王勃在狱中，躺在黑暗的壳里。

哀伤的他，辗转反侧，开始想念他曾经的日子。

曾经也有这样一天，月亮没有照亮大地。

那是一场宴会。在长长的夜里，在莽莽无边的山中，在寒冷里，在萧瑟里，大家兴致很高，彻夜不眠。王勃坐在山亭中，是骄傲的，是惬意的，是满怀希望的：

桂宇幽襟积，山亭凉夜永。

森沉野径寒，肃穆岩扉静。

竹晦南汀色，荷翻北潭影。

清兴殊未阑，林端照初景。

——《山亭夜宴》

当时只道是寻常。

那一天，他的四周是一群雅致的文人。

但现在，他的四周满是罪恶。他的周围，是屡次盗窃的小偷，杀人放火的强盗，还有拐骗妇女的人贩子。他坐在那里，就好似也是肮脏、污浊、十恶不赦的。

经过仕途的第二次重击，王勃被迫丢弃他的骄傲，捡拾他的懦弱。

他被逮捕，被关在社会嗤之以鼻的牢笼中；他被唾弃，被架在众人审判的十字架上。这不是寻常文人经历的被贬、不被重用、远走和逃离，而是一种精心的陷阱，用来捕捉一种名为天才的令人嫉妒的生物。

二十三岁的王勃经历了一种缓慢的割肉剜心的痛苦。这罕见的成长的代价，让他无处躲藏，无处安心。

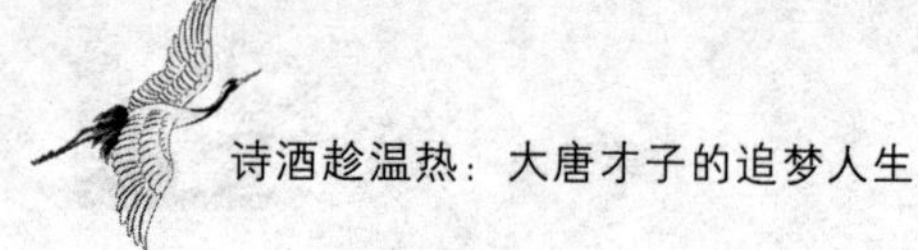

他开始变得如婴孩一般敏感。黑夜中好像有无数双眼睛盯着他，嘲笑他，充满恶意地揣测他。王勃在虢州任参军的日子，像橘子被剥开皮而袒露果肉一般，被人窥伺，他们好像看到那个名叫曹达的犯了罪的官奴走进了王勃的屋中，被王勃胆大包天地藏匿起来，又看到王勃因怕走漏风声，手持利刃将曹达杀害，而被锁来狱中。

一个书生，一个官奴，逃避，藏匿，杀害，恐慌，如果只看故事的主角，谁也想不出比人们所讲述的现实更为荒谬的故事。

王勃，一个手无缚鸡之力的书生，时时刻刻被儒家仁义礼智信所约束；曹达，一个犯了罪的官奴，早就丢失行为准绳。如果是一个花瓶被王勃打碎到了地上，王勃大约都会跳脚，愧疚自己的不慎。而这官奴好似一个脆弱的花瓶，任由王勃摆放，打碎，王勃竟然顺利地做完这事，然后被人们发现他的残忍，如同发现一个披着羊皮的狼。

如此荒谬而可笑。

连史册都将这种怀疑说到极致，说王勃因才情，因傲气，而为同僚所构陷。

因为他的优秀，而折磨他的心志，打磨他的骨肉，摧残他的尊严，夺取他的性命，这大约也是一种极端的肯定了。

王勃是被赞誉堆砌而成的。

王勃来自一个小小的官宦人家。他不仅拥有良好的家庭环境，也有良好的自身条件。

许多小孩都会许愿，“请赐给我很多很多的才华”。王勃不用这样，他生来如此。

王勃自小就显露出这种天性，优秀而聪敏。王勃六岁便能作诗，而且诗情豪迈，不似孩童。王勃父亲的朋友称王勃为“王氏三株树”之一，这不是一种对晚辈礼节性的夸奖，而是一种真正的暗自生叹的崇敬。

王勃生活在一个童话故事里。他是一片缓慢生长的树木里最独特的一株。他快速地生出漂亮的枝丫，绿色的嫩叶，挺拔着随风飘扬。没有人给他修剪，因为他自成形状；没有人给他浇水，因为他自有源泉。于是，森林只需要让风不断地捎来夸奖，王勃便会全部收下，保持原状。

于是，王勃也保持骄傲。

九岁的王勃，不是学习前人的古籍借以充实自身，而是指出前人的书籍中的错误，写了《指瑕》一书。

这不是少年轻狂，而是少年意气。

可是谁明白呢？

骄傲而聪慧的人，一生都在捐献，却一生都被嫉妒。命运

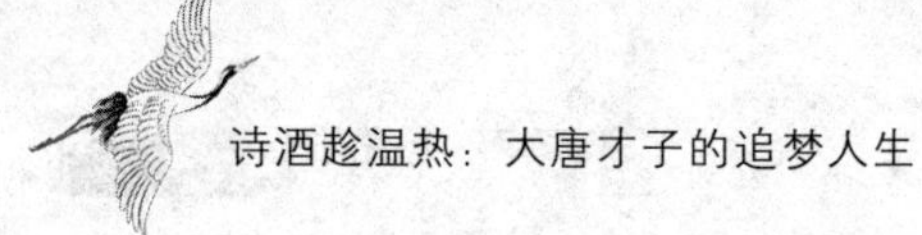

在此便埋下陷阱，只待君来。

王勃一无所知，他抬着头，一直向前。

王勃一直积极入仕。他永远自信，拥有勇气，直抒胸臆。他没有什么可害怕的，谁见了他都会夸奖他，连当时的宰相都夸奖他："此神童也！"

王勃像一只花蝴蝶，尽力向春天展示自己的美丽。十六岁时，王勃被任命为朝散郎，成为朝廷最年轻的官员。他还不满足，自觉是个天才，手持才华，生来就应该在仕途的路上走得越来越好，越来越远。

少年的虚荣心，总是强烈而可爱的。

王勃一鼓作气，他向虚荣的皇帝献上《乾元殿颂》，说说江山，说说社稷，不过是一些夸奖之词，一些大而空洞的话，被那些漂亮的文字装饰着。皇帝当然也快乐，听过无数这样歌颂的帝王依旧为王勃的才华所惊叹："奇才，奇才，我大唐奇才！"

皇帝的夸奖，让王勃声名大振。世俗可能就是这样的热闹，盛大从不献给青春，献给才华，献给美丽的文字和年轻的心，而遵从于权贵的夸耀。所以，很多文人的膝盖都贡献给那无聊的帝王，倒也开启了一场盛世。不过无所谓，王勃想要征服的应该是所有人，征服了谁不重要，如何征服也不重要，因为那些终将是他的囊中之物。

没有人不会被他的才华所折服。他的仕途光芒闪烁，他的周围好友环绕，大家来来往往，连离别都没有悲痛。只有此时，王勃才有蓬勃的无人可挡的生机，他写了那首天涯歌《送杜少府之任蜀州》：

城阙辅三秦，风烟望五津。
与君离别意，同是宦游人。
海内存知己，天涯若比邻。
无为在歧路，儿女共沾巾。

长安城是雄伟的，也是安全的。宦海浮沉倒是没有什么危险，谁都是他的知己，可以让他送别。眼泪无用，那就别流。天涯有什么遥远的，如果是知己，那我们永远是邻居。

只有此时，王勃才有天真的乐观。

年少的王勃，进入官场，就好像一只纯真的家养动物，误入了血腥的黑色森林而不自知。

王勃成为沛王手下的一名修撰，简单来说，就是沛王身边记录言行、掌修实录的人。他们大概很多时候都一同出入，一同玩耍，因为沛王甚至比王勃还小五岁，他们之间能有一点儿非君臣而朋友的情谊。

有一次，沛王同英王斗鸡，放在皇家，那是两王相争，若是放在民间，大约可以称为两小儿斗日一样的玩闹。斗鸡的场面应该很激烈，于是王勃一时兴起，写了《檄英王鸡》为沛王加油，物尽其用，王勃将自己的才华随处倾倒。

王勃飘飘然。

王勃像是一只气球，他飘在半空中，破裂的时候，他甚至没有疼痛，也没听到任何声响，快乐还在延续，他觉得自己只是兴致勃勃地又做了一篇赋，像是曾经的每一次一样。

王勃还在童话中，住云上城堡，看玻璃灯球。因为他的目光永远向前，所以他看不到脚下向他伸出的无数的魔鬼的手，也看不到头顶暗黑的天空以及世人猩红的眼。

很多人因他的才华而妒忌他，于是命运也要推波助澜，好像摧毁比成就更为有趣。

命运的第一个陷阱，终于等到了王勃。

王勃这篇因一时兴起来助兴的文，不知道怎么就传到了帝王的手里，变成了挑拨皇子间关系的偏文、烂文，甚至他也成为居心叵测、夸大事实的小人，这雄伟的安全的长安，不需要他了。

王勃被逐出长安。

这时那快乐才失效，世界一片寂静，只有砰的一声巨响，响彻耳边，疼痛蔓延。

所有的骄傲、才华、苦心经营，所有的梦想、希望、锦绣前程，好像都被他随随便便地毁掉了。

才华是把双刃剑，王勃终于迟钝地触碰到了现实。

平庸者祈求才华，佼佼者呢，要沦为平庸吗？要谨小慎微吗？要永远微笑与平和，规规矩矩地阉割自我，以求不触碰规则，不违逆帝王，不踩踏禁忌吗？

王勃做不到。

他远离仕途，回归自然，所有的困扰与不安、迷茫和无措，偌大的长安容不下，那就去山川中，去日月里。

王勃将他的疑惑搁置，短暂地离开也无妨，他乘着青春，乘着时光，去了巴蜀之地。

王勃不再高谈阔论，不再激情昂扬，他告别盲目的快乐、盲目的勇敢，终于安静下来，感受悲伤与告别。

秋天里，王勃从长安出发，他告别朋友，不再是没有眼泪的天涯歌。

他在山水与暮色中告别王长史，他说，此去一别，终难相见，他终于有了一点儿踏实的悲恸，作诗《秋日别王长史》：

别路余千里，深恩重百年。

正悲西候日，更动北梁篇。

野色笼寒雾，山光敛暮烟。

终知难再奉，怀德自潸然。

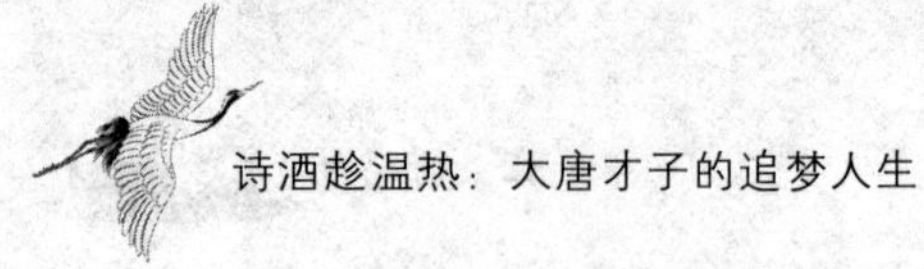

春天里，他已客居巴蜀，在辽阔的江面，看迷人的春光，作诗《早春野望》：

江旷春潮白，山长晓岫青。

他乡临睨极，花柳映边亭。

但他说，这美丽，是他乡。

王勃就在这他乡待了两三年。待得越久，他的疑惑便越多，他曾经在官场中浮浮沉沉了好几年，当年皇帝把他逐出长安，难道他真的做错了吗？是不是他就应该严肃地制止他们斗鸡，而不是写什么乱七八糟的文章呢？

他的未来到底在哪里？难道他要一直只会伤春悲秋，看祖国的大好河山吗？或者，他要隐居起来，做个默默无闻的诗人吗？

除了有才华，王勃还有什么呢？好像一无所有了。他没什么办法，他还在伤春悲秋，还在写诗。又一个秋天，王勃最亲密的好朋友薛华也要离开了，于是作诗《别薛华》：

送送多穷路，遑遑独问津。

悲凉千里道，凄断百年身。

心事同漂泊，生涯共苦辛。

无论去与住，俱是梦中人。

送了一程又一程，最终还是别离。

王勃在巴蜀的这几年，好像一直在送别。他送别了他的朋友，也在送别他的幼稚、他的骄傲、他的不可一世和他的盲目快乐。

王勃的青春很短暂，除了一点儿迷茫的思索，也没有留下什么。巴蜀好像也没什么可以待着的理由了，不管帝王愿意不愿意，他还是重新回到了长安。悲伤不用说，悲痛不要讲，什么疑惑也不管了，他在尽力回到曾经的道路上。他的人生还很长，不过几年的挫折，或许熬一熬，可能就过去了，毕竟除非死亡，人生总要面对。

王勃从巴蜀之地又返回长安参加科选，获得了虢州的一个参军职务。

他自以为重新回到了正确的轨道，即使他在任上过得也不太好。天才少年，或许是有性格上的缺陷，他不圆滑，处世疏狂，但是这也不是什么大问题，为什么还是有那么多人容不下他呢？大约是因为他不容于世的才华吧。

所以还是那个问题，平庸者祈求才华，佼佼者呢，要沦为平庸吗？

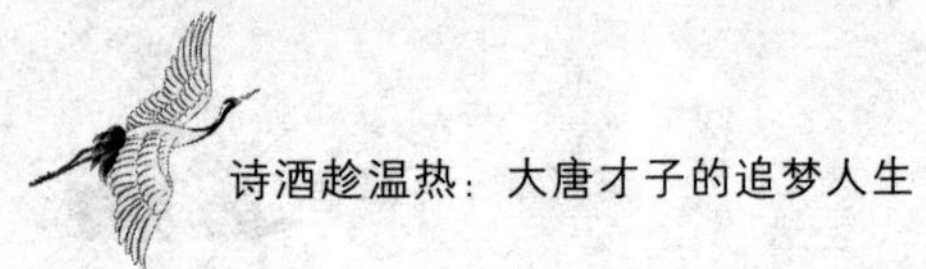

没有人可以回答他。

也没有人可以拯救他。

他的人生就这样开始变得混沌不堪。

二十一岁的王勃，朋友散落天涯，他一个人在野外，趁着春色饮酒，歌唱：

空园歌独酌，春日赋闲居。
泽兰侵小径，河柳覆长渠。
雨去花光湿，风归叶影疏。
山人不惜醉，唯畏绿尊虚。

——《郊兴》

在空旷的园子里，他看得清春光，看得清被雨水打湿的花，却看不清自己。

嘿，人生啊，多歧路！

王勃自以为正确的轨道，只是让他越来越不甘、落寞，不惜醉酒来麻痹自己。

所以后来发生的杀人事件，是同僚的诬陷，还是一时愤懑的发泄，好像都有可以相信的理由。

那注定是他人生的磨难。

王勃在狱中，长久哀伤。

王勃终于低下了他的头。

才华，是幸运，也是诅咒，日日纠缠于王勃的命运之中。

这场杀人事件，王勃理应赴死。幸运的是，他并没有死，天下大赦，他逃过一劫。

这也不是什么幸事，王勃再不是从前的王勃了。王勃的父亲因为王勃而被贬偏远之地，这让王勃愧疚不安，他没有办法逃离，也没有办法停歇一分一刻的煎熬。

他不惧怕死亡，但他开始惧怕这个世界。因为它充满恶意，无时无刻不在角落处伺机啃噬他的灵魂。曾经那些美丽的有酒的春天，大约也是魔鬼变的吧。那些日子虽然承载了很多悲伤，很多迷茫，但是现在看来仍是那么梦幻，这让人放松警惕，直到扼住他的喉咙，张开血腥的口，露出尖利的牙。

王勃出狱后，在家待了一年多，后来朝廷想要恢复他的官职，他说什么也不去。二十五岁的王勃，回望十年前的自己，仿佛是在回望前生。

又是那个问题，平庸者祈求才华，佼佼者呢，要沦为平庸吗？

王勃这回不想知道答案，他只想顺从自己的内心，让自己的愧疚少一点儿，不要那么疼，他去找了自己被贬的父亲。

王勃又在秋天出发。

这回路过了南昌。

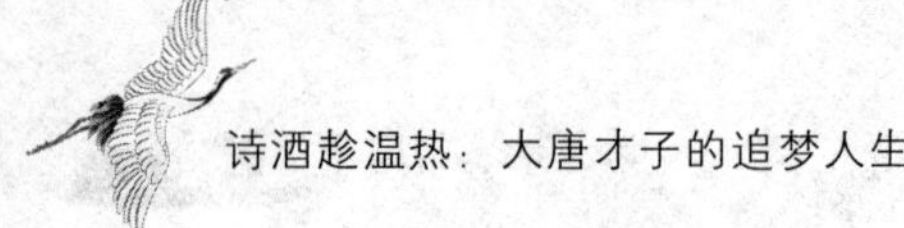

因为滕王阁刚刚修缮完成，阎都督在大摆筵席。王勃按照礼节去拜访。这次宴会，表面上是因为滕王阁，但实际上是阎都督为了夸耀自己的女婿，让自己的女婿提前写好序文，然后在席间装作即兴写给大家看。因此，当阎都督命人拿出纸笔，虚情假意地让大家来写序文，大家都推辞一番，只有王勃这个小傻子当真。

这大约就是很多人不喜欢他的原因吧，他总是看得很浅，临时过来，也搞不清楚状况，以为大家都推辞，让这个宴会也很尴尬。如果很多人抢着去写，他大约也不会上前吧，如果是十五岁的他，应该很乐意出头，但是现在，很难想象他哪里来的勇气。

不过王勃的才华半分未变，依旧令世人倾倒。

他在言语间变得谦虚了，说他是“童子”，偶然间闯进这场满是人才的宴会。他登高远眺，看紫色的远山，看雕花的屋脊，看钟鸣鼎食之家，看青雀黄龙之舟，看“落霞与孤鹜齐飞，秋水共长天一色”。他的文字还是那样的漂亮，令人忍不住一遍又一遍地读。但他的文字不再同曾经一样虚无，良辰美景，赏心乐事，他却说“关山难越，谁悲失路之人；萍水相逢，尽是他乡之客”。

他说：“勃，三尺微命，一介书生。”

在这样辽阔的滕王阁上，他悲叹自己的命运，但也觉得不过如此。忽然间，好像很多让人纠结的东西都消失了。一个骄傲的人，学会了低头，学会了谦虚，学会了犹豫，经历了很多悲痛都走过来了，劝自己通达，不要丢弃自己曾经的志向。

他说："老当益壮，宁移白首之心；穷且益坚，不坠青云之志。"

王勃参加完这场宴会，还是继续前行，去看望了自己的父亲。看完自己的父亲，王勃的愧疚之情大约要少一些，他或许还同父亲商量了，不然就忘掉过去，继续往前走吧。拿出不合时宜的勇气，不再躲避和害怕。

但是命运没有放过他，王勃看完父亲，在返程的路上溺水而亡。

二十七岁的王勃死在夏天的大海中。

后来，《滕王阁序》传到长安，传到帝王手中，帝王被这文字所惊艳，连叹可惜。

但是人生短暂的王勃，不再需要那些无意义的肯定，也不再想听那些夸赞。

滕王阁宴上一瞬间的勇气，让他冲破懦弱，抬起头，提起笔，留下了最著名的文章，《滕王阁序》作为一首序曲，开启了唐朝的文化大观。王勃终究是没有随了世界的意，他小小地抗

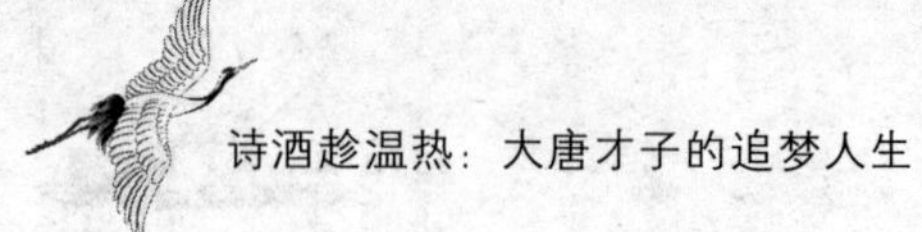

争了一次。很多时候，要容许自己低头的懦弱，也要拥有随时反抗世界的勇气。其代价可能很小，也可能很大，但是又如何，王勃也不在乎了。

曾经纠缠王勃一生的问题：平庸者祈求才华，佼佼者呢，要因为世俗的玩弄，沦为平庸吗？

这个答案好像显而易见，又令人捉摸不透，那就让一个个漫长的人生去回答吧。

第四章　谁管我

诗，不是空洞的字与字的堆叠。
它应该有血有肉，鲜活的，有生命力。
人或诗，皆应有侠气。

陈子昂：有侠气

陈子昂是什么做的？

辽阔的天地、永不回头的剑，

和三颗柔软的心。

陈子昂就是由这些做成的。

太阳坠落在沙漠上，火热砸入大地，升腾起世界的波澜。一片金色的一望无际的枯燥的沙海，好像刚刚染上鲜血，然后慢慢地随着太阳的移动，一点儿一点儿地黯淡下去，只留一朵盛开的紫色云彩挂在天边，像是美人侧影的漂亮头饰。

黄昏来了。

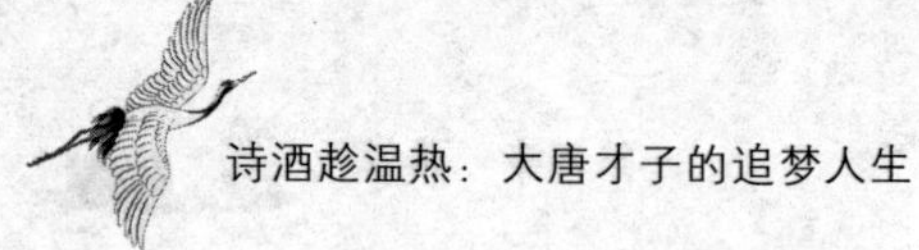

天地之间，辽阔而深远。

陈子昂，一步又一步地登上幽州台。

陈子昂看着这个世界。

孤高，宁静，世界仿佛也在注视着他。

唐朝的盛大远在天边，曾经坚持的信仰扔在路旁，无用武之地，他感觉自己无能至极。

而那些人间的热闹，杀戮，勾心斗角与懦弱无力，好像都消弭在耳畔。

好的坏的，都没有了，都被太阳烧得干干净净。

天地之间，渺小而脆弱。

陈子昂孤独一人，高唱《登幽州台歌》：

前不见古人，后不见来者。

念天地之悠悠，独怆然而涕下！

陈子昂高喊他的命运，天地都听到了；陈子昂洒下他的热泪，山河都动容了。

我不曾见过一个明君，这一句咒语，是否要贯穿我的一生，我穷尽勇气、才华、执拗的一生？

陈子昂寻求，但不执着。

因为陈子昂最初的梦想并不是当政客，而是当侠客。

陈子昂十七八岁时，还是一个懵懂少年。

他的父亲陈元敬，就是一个慷慨义气之人，可以拿出万斛粮食来解救灾民。

只从其父之行，就能窥得陈子昂的品格。

陈子昂有侠气。

家庭富裕，家风自由，拿着荷包就能救济穷人，执着剑就可以吓唬坏人。世界在陈子昂的眼中，非黑即白，他就像武侠小说的男主一样。

扶危济困，仗剑走天涯，岂不快哉！反正他也衣食无忧，没有什么现实的困境将他囚禁。

陈子昂开开心心做自己就好，抱着自己幼稚的梦想去大展宏图。如果没有后面的事情，他大抵就是个漂亮草包，白天出门送钱，晚上回家要钱，来来回回地这样，一辈子也就过去了。

可惜生活看不惯他，给他设下圈套，他用剑把别人刺伤了。

陈子昂被迅速拖回现实，原来这里并不是江湖。杀人偿命，欠债还钱。侠客与否，都逃不过世俗和律法。

一把剑，原来不仅可以救人，也可以伤人。

陈子昂转而寻求仗剑行世界的另一种方法——当官。

为国为民，侠之大义。

他竟然也走上了求仕之路。别人寒窗苦读十八年，一朝得

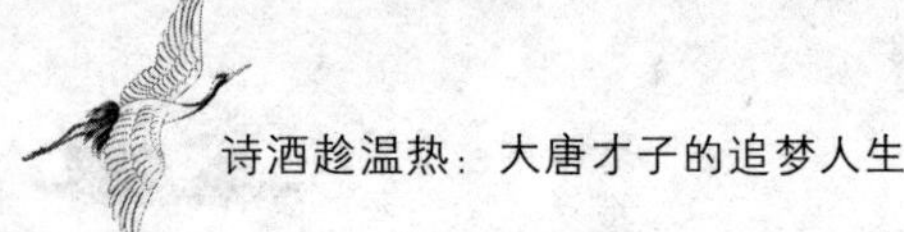

功名，陈子昂则是浪子回头金不换，从此发奋读书。

他把自己关在家中学了几年。不见朋友，只读书，俨然一个好好的读书先生。

陈子昂自觉学成，走出蜀中，去往长安。

世界这幅画卷在他的眼前缓缓打开。

他在路过三峡时写了《度荆门望楚》：

遥遥去巫峡，望望下章台。

巴国山川尽，荆门烟雾开。

城分苍野外，树断白云隈。

今日狂歌客，谁知入楚来。

陈子昂说："我这狂傲的侠客，谁知会到这楚天中来。"

陈子昂大喊："世界，我来啦！"

可惜世界没有回应。

他到了长安，学习了一年后，参加科考，但是无功而返。

他回家继续钻研。

陈子昂再次出发，再次失败。

然而他并不是草包，他博览群书，擅长写文，有魏晋之风。

但是，没有人能看到他。陈子昂那个混小子的基因开始蠢蠢欲动。

“既然别人看不到我，那我就站到别人面前吧。”陈子昂如是说。

当时恰逢陈子昂二次落第之时，他在长安城里碰到有人卖胡琴，胡琴卖百万，如此昂贵，大家便围观起来，看是哪个冤大头买。陈子昂挤进人群，买下了这把琴。

陈子昂才不认为自己是冤大头，毕竟他有钱。

他专门在第二天设宴，让大家一睹这百万胡琴的风采。

设宴当天，陈子昂一曲弹毕，对着众人说：“我有百轴诗篇不为人知，而这一件无用乐器，却被人人留意，这不是本末倒置吗？”

陈子昂当场摔琴，然后在众人目瞪口呆之时，拿出自己的文章给大家看。当即全城瞩目，皆知其才名。

果不其然，第二年，陈子昂就进入仕途，虽然只是做个小官。

陈子昂不是什么掉书袋的老家伙，也不是偷鸡摸狗得来的官职，他有政治才能。

女皇武则天下诏书问朝臣：“应该用什么办法能让国家调养元气？”

这不就是陈子昂想要做的事情吗，他趁机说：“应该办学堂兴教育，谨慎判处案件，整治礼乐教化，推举忠孝廉洁之才。”

武则天看到了陈子昂，但是权威从不让路，陈子昂因为太过秉直，而不被帝王喜爱，他就像是一把没有剑鞘的剑，随时

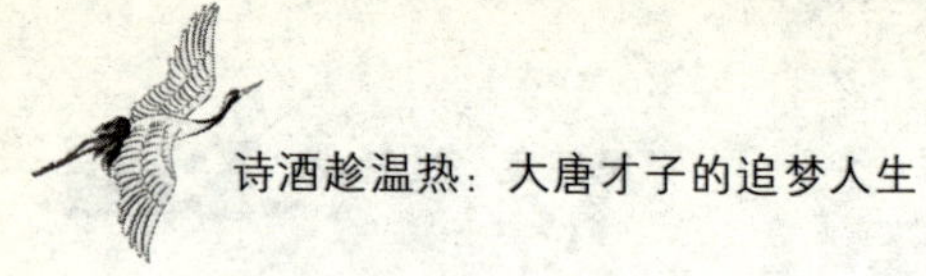

随地刺破世界，也让帝王躲藏。武则天将陈子昂放在可以制衡酷吏的棋盘之上，让他们去斗。

因此，陈子昂的仕途之路很不顺。

陈子昂曾两次去往战场。

陈子昂脱离了唐朝的奢靡之风，独自一人，自长安而出，带着万丈狭气，脱离繁荣与束缚，去往塞北，去往开阔、粗糙、贫瘠又自由的天地。他看到的不再是千篇一律的美好。

陈子昂好像永远十七八岁，渴望当个侠客，斩断世间一切不平事。他写了《感遇诗三十八首》，写他看到的多灾多难的人间。

看到塞北的小儿独自行走，他说“但见沙场死，谁怜塞上孤”；看到胡兵入侵，他说“每愤胡兵入，常为汉国羞”；看到因为将帅无能而饱受战争摧残的人民，他说“塞垣无名将，亭堠空崔嵬”。

陈子昂永远是敏感的，慈悲的，悲痛的。

他不仅写现实，也写他的政治诉求与政治理想。

武则天穷尽金玉来雕刻佛像，他说“圣人不利己，忧济在元元”；武则天利用大量人力物力取道蜀郡西山去袭击吐蕃，他说“昏曀无昼夜，羽檄复相惊”；武则天凭心情对待朝臣，他说“贵人难得意，赏爱在须臾”。

陈子昂永远是直白的，勇敢的。

陈子昂当然也言说自己：

本为贵公子，平生实爱才。

感时思报国，拔剑起蒿莱。

西驰丁零塞，北上单于台。

登山见千里，怀古心悠哉。

谁言未忘祸？磨灭成尘埃。

——《感遇三十八首》（其三十五）

陈子昂永远是愤慨的。

陈子昂孤身一人在草莽之中拔剑四顾。

十年之后，他孤身一人，再次身处战争之所，看太阳坠落，发出波动世界的光。他再次登上高台，看天地苍茫，看美人头颅在上。

谁说不要忘记古人因为爱国而遭受祸患的教训，我从不这样想，我想，直至化为尘土，我的报国之情才会消失。

陈子昂因这爱国之情不断忍受折磨。

三十多岁的陈子昂跟随建安王武攸宜征讨契丹。武攸宜草包一个，轻易出兵，使得刚刚出去的前军全军覆没。陈子昂这时体弱多病，但他还是谏言，希望能够率领万人出击敌人，然而没有被采纳。后他又再次谏言，被贬。

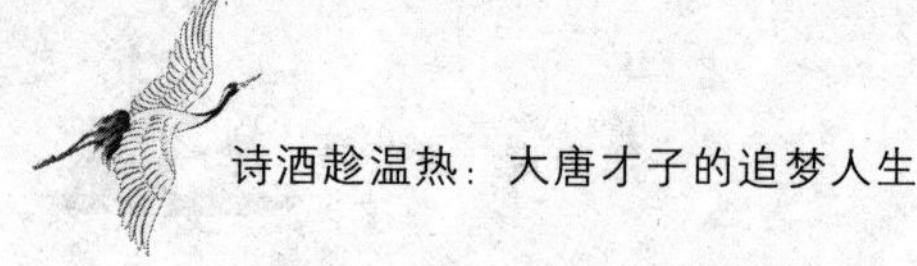

于是他大喊："我看天地悠悠，让我热泪盈眶。"即使生活并不如意，即使他永远不被重用，即使他死于非命。

陈子昂从战场又一次回去。几年后，陈子昂因父病重，辞官，后来父亲病逝，他被陷害入狱，体弱而亡。或许是县令看上了他的家财，也或许是权臣看不惯他，想让他死。

但陈子昂没有做到他诗中所说，直至化为尘土，他的情感便消失。

陈子昂自出蜀中，入长安，就带着一股狭义之气迎面走来。

这侠气是自由的，粗糙的，是辽阔的，豪迈的，是悲愤时的眼泪，是悲痛间的昂扬。这才是大唐的诗篇。

陈子昂一扫齐梁的颓靡之风，不再纠结于那些漂亮的繁复的诗文，他强调风骨，强调情感，强调内容，强调贴近生活，强调言之有物。

诗，终于不是空洞的字与字的堆叠。

它应该是有血有肉的，鲜活的，有生命力的。

陈子昂为盛唐诗歌的辽阔气象奠定了基石，他是当之无愧的诗骨。

自此，唐朝的诗歌开始崛起。

陈子昂创立了一个江湖，他就站在最前面，李白、张九龄、杜甫等无数人追随着他。

他时刻提醒着自己，也提醒着后人。

别忘了，人或诗，皆应有侠气。

崔颢：坏男孩

崔颢是什么做的？

一半细润的女子哀愁、一半萧瑟，

和无聊的众口铄金。

崔颢就是由这些做成的。

李邕听闻崔颢的诗名，邀请他来家中一坐。崔颢去了，献诗一首，第一句便道："十五嫁王昌。"

只听这一句，便知是首闺情诗。

"我十五岁嫁给王昌。"这断断不可能是崔颢，而是一个女子的自陈。

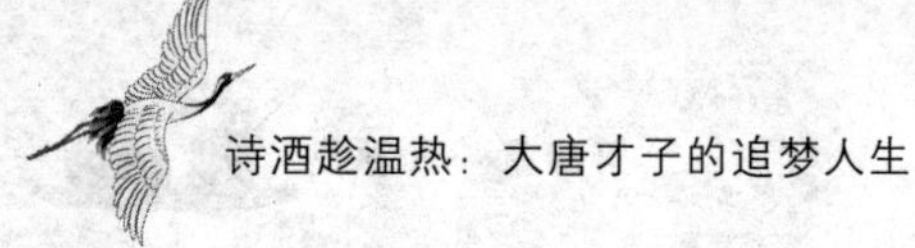

但是很多诗人借女子之口言志，或反映现实。到了崔颢这里，好像什么含义都不会有，只是女子本身。

李邕这个自视端方的文人大家，怎么可以听这种闺情和妇女生活，他才不会像崔颢一样轻浮浪荡，必然要与之划清界限，于是他怒斥“小儿无礼”，将崔颢骂了出去。

不论李邕为何发火，但大家默认，崔颢好像就是这样的坏男孩。史书说他诗风轻浮，是个浪子。所以，很多都以为他是那个坐在班级最后一排的小男生，从小拽小姑娘的辫子，惹得女生哇哇大哭的坏男孩。大一点儿，总要找漂亮的女生谈恋爱，亲热地坐在女同学的身边。等到成年了，吊儿郎当，不务正业，喝酒闹事。

但是崔颢怎么会是这样的人呢，好像无拘无束，无人看管？

那他也不会混在京城的文人圈中，诗名远扬。

崔颢来自唐代最大的门阀士族——“博陵崔氏”。

崔颢出生于汴州，即古时的开封。二十岁左右的崔颢，离开故乡，到达长安，他也是个有理想有抱负的青年。如果他想虚度光阴，沉溺于美人与美酒，何不在故土的树下沉醉，摇摇晃晃地踩着夕阳归家，岂不美哉？

但是崔颢没有，他摇摇晃晃地在长安、洛阳的文人聚集地扎堆，没有那么规矩，但也懂得礼数，好像随时随地会闯祸，但细细看，也是个能够奉承两句的好青年。

当时，作为清贵文人的给事中许景写了首诗，先是传到了中央三省的官员那里，大家一顿附和，纷纷写了诗句唱和。然后接着传递，传到了中央三省下面的兰署，也是一个人才济济的部门，大家又纷纷唱和。当时已经做官的张九龄也作了唱和诗，崔颢此时还没有官职，但是也同样做了一首，他在《奉和许给事夜直简诸公》中说：

顾己无官次，循涯但自怜。

远陪兰署作，空此仰神仙。

他说："我没有官职，但也想和诗一首，您如同神仙一样高高在上，让我想表达一下敬仰之情。"

崔颢能写出如此成熟的诗，不似那个不知分寸，在别人的邀请宴上念一首大家都不喜的淫诗艳词的人。

而那首被李邕呵斥的诗，有一首极端方的名字《古意》，诗句的清淡扑面而来：

十五嫁王昌，盈盈入画堂。

自矜年最少，复倚婿为郎。

舞爱前溪绿，歌怜子夜长。

闲来斗百草，度日不成妆。

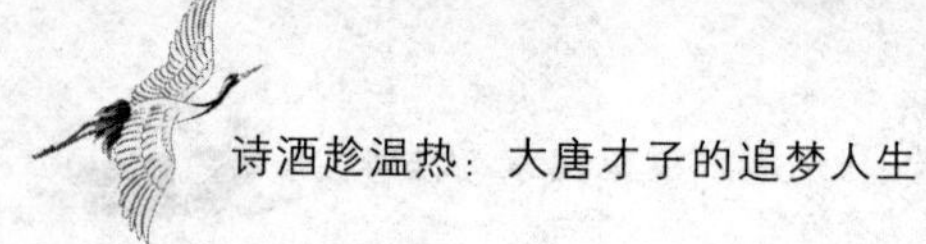

十五岁嫁给王昌的少妇，身姿婀娜，在镜前打扮。过了几年锦衣玉食的日子，却觉得深夜如此漫长。闲时斗草为乐，日日倚靠着夫君，好像也没有什么意思，连妆也懒得化了。

好像确实没有什么含义，没有以诗言志，也没有借此讽今，好像就是女子本身在真实地表达，是依靠在那里懒懒地说，说完也就如同一阵风吹过，午后的困倦来袭，王家少妇便走了，只让我们知道，那时有个女子，不快乐。

崔颢很大胆，写了很多这样的诗。

因为，即使在民风开放的盛唐，端方的君子们可以三妻四妾，也不可谈论女子的情感。他们需要女子，却不让她们在诗中出现，因为她们不值得颂扬，甚至不值得表达。君子们有妻子，有情人，他们将女子据为己有，将女子的喜怒哀乐据为己有，却认为一切沾染女子情绪的人，品德都是低下的，因为这靠近是卑劣的，他们在想象中将衣衫尽褪，情话说尽。

所以，男诗人们抨击崔颢，女诗人们置之不理。

但是于崔颢而言，这猜想属实无聊。

史书说，崔颢，“娶妻择有貌者，稍不惬意即去之，前后数四”。

崔颢娶妻看脸，谁好看就喜欢谁，前后换过四任。崔颢对婚姻这随意的态度着实惹人不快，但是喜欢貌美者也无可厚非，有人喜欢皮囊，有人喜欢灵魂，唯偏好，非德行。但在那个年代，崔颢并没有三妻四妾，而且不喜欢了就分手，各生欢喜。

崔颢在有限的维度中给予了女性最大的尊重和与男性相同的地位。

当然他有劣迹，招猫逗狗的年纪，在春天里浪荡。

崔颢在《渭城少年行》中写道：

洛阳三月梨花飞，秦地行人春忆归。
扬鞭走马城南陌，朝逢驿使秦川客。
驿使前日发章台，传道长安春早来。
棠梨宫中燕初至，葡萄馆里花正开。
念此使人归更早，三月便达长安道。
长安道上春可怜，摇风荡日曲江边。
万户楼台临渭水，五陵花柳满秦川。
秦川寒食盛繁华，游子春来不见家。
斗鸡下杜尘初合，走马章台日半斜。
章台帝城称贵里，青楼日晚歌钟起。
贵里豪家白马骄，五陵年少不相饶。
双双挟弹来金市，两两鸣鞭上渭桥。
渭城桥头酒新熟，金鞍白马谁家宿。

可怜锦瑟筝琵琶，玉壶清酒就倡家。

小妇春来不解羞，娇歌一曲杨柳花。

少年骑马扬鞭，哪儿都要去。

一口气读下来，便好似同崔颢一起，如风一样自在地在春天里玩乐。

崔颢从三月的洛阳出发，带着满头的白色梨花。

春的使者早早从长安归来，让这一路的江水荡漾，太阳温柔。

所有的花朵都被牵引着望着世界，红红绿绿点缀了一众河山，燕初至。

走马斗鸡，琴瑟琵琶，游子不回家。

这一气呵成的少年游，天地不顾，就是这样的肆意妄为，但是这阵无拘无束的风，最后竟停留于女子在杨柳下的一曲娇歌。也不知道应该说崔颢真实，还是说他无畏，别的少年都只是偷偷望一望，只有他，就这么大咧咧地表达。

崔颢的真实才显得那样大胆，但也那么纯粹，他不遮不掩，我行我素，看山是山，见水是水，见美人即写美人，浪荡是少年心性，而非世俗恶意。

但世俗却将恶意报诸他身。

他因诗词里多女子，便被无数人诟病，世人一股脑地将仁义道德扔向他，想要让他下跪。文人墨客，如同一群嗡嗡作响的蝇虫，见到一块新鲜的甜美的果实，一哄而上，不管不顾。

他们说他是浮夸浪子。

说他的诗是艳诗。

说他有文无行。

说他的坏。

还拿出那首最为人不齿的《代闺人答轻薄少年》：

妾家近隔凤凰池，粉壁纱窗杨柳垂。
本期汉代金吾婿，误嫁长安游侠儿。
儿家夫婿多轻薄，借客探丸重然诺。
平明挟弹入新丰，日晚挥鞭出长乐。
青丝白马冶游园，能使行人驻马看。
自矜陌上繁华盛，不念闺中花鸟阑。
花间陌上春将晚，走马斗鸡犹未返。
三时出望无消息，一去那知行近远。
桃李花开覆井栏，朱楼落日卷帘看。
愁来欲奏相思曲，抱得秦筝不忍弹。

这首诗，好像不是崔颢写的，而是一个女子在娓娓道来。

女子说：“我家就住在凤凰池旁边，你看，就那个粉色墙内，

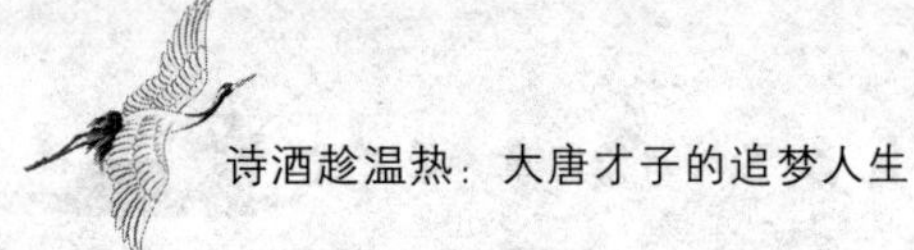

那棵柳树旁边。我的夫君啊，一官半职没有，游手好闲，整日做些不务正业的事情，走马斗鸡不归家，甚至跟着一群人去参加皇室争斗。罢了罢了，太阳落山了，我的愁苦让我连秦筝都不想弹了。所以想同我暧昧的少年啊，你同我夫君一样，我不喜欢，请停止你的行为吧，就这样了。”

这时的崔颢，混在文人堆里，想借此走仕途。他既不是那个女子的夫君，也不是那个轻薄少年，就像这首诗的题目，他只是代替那个女子写了一封“你不好，我不爱”的信。

就是这样简单。

但是崔颢因为这些诗，即使中了进士，也无人帮衬，所以才离开京城，游览山川，寻求其他机遇。

然而崔颢从未放弃他的诗。在他的眼里，女子的七情六欲同男子的学问功名一样重要，普通人的对话同名川大河一样值得记录。

他为削发十二年的尼姑写诗，他写道：

早悔业至浅，晚成计可寻。

善哉远公义，清净如黄金。

——《赠怀一上人》

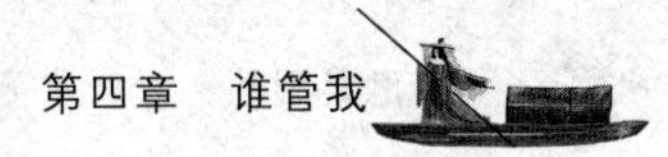

为不再受宠的宫女写诗，他写道：

少年去去莫停鞭，人生万事由上天。
非我今日独如此，古今歇薄皆共然。

——《邯郸宫人怨》

为江畔愁苦的老人写诗，他写道：

人生贵贱各有时，莫见羸老相轻欺。
感君相问为君说，说罢不觉令人悲。

——《江畔老人愁》

崔颢的诗，不表达他自己，最多将他的同情、他的感慨、他的悲天悯人与直言不讳小小地潜藏进去，像是将宝石胡乱地藏在沙子里，别人找不找得到，不关他的事。

崔颢甚至为听见乡音便停下询问的女子写诗：

君家何处住，妾住在横塘。停船暂借问，或恐是同乡。
家临九江水，来去九江侧。同是长干人，生小不相识。

——《长干曲四首》（录二）

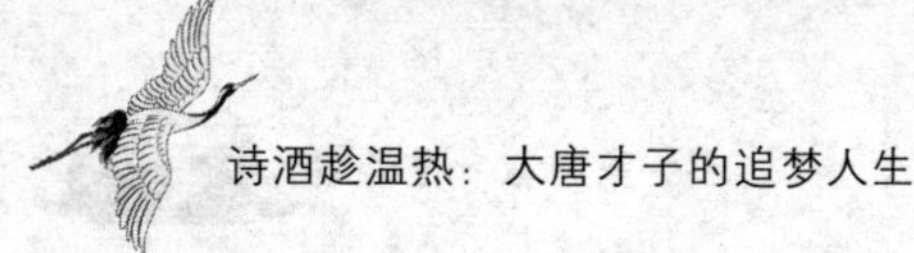

就是一段太平常的对话，一个住在横塘的女子，在泛舟的时候听到乡音，也不顾什么男女有别，只管大胆又急切地问："嘿，你是不是我的同乡？"

男子说："对，你我都是长干人，之前不认识可惜啦！"

千年之后，都能让人感受到双方的喜悦。

崔颢就自顾自地将这些情绪碎片收集，编织在他的人生中，不曾割舍。

崔颢还在游荡，他去了黄鹤楼。

他写了那首人们宣称连李白都自愧不如的诗：

昔人已乘黄鹤去，此地空余黄鹤楼。

黄鹤一去不复返，白云千载空悠悠。

晴川历历汉阳树，芳草萋萋鹦鹉洲。

日暮乡关何处是？烟波江上使人愁。

大家都说，这首《黄鹤楼》同他写的"艳诗"不同，这首诗是那样的空旷、静远，带着无法释怀的哀愁。"故乡啊，故乡啊，就在这水天相接的辽阔之地，就在那不曾返回的时光中，我思念你。"

崔颢却仍在这远方。

崔颢仕途不顺，长安没有他的位置，洛阳没有他的位置，他去过武昌，也去过河东，然后去了东北，在那贫寒的边塞之地，崔颢跟随外官做他们的幕僚。

没有了他在京城交游时的权贵，便也没有了那些或愁苦或骄矜的女子；没有了他游乐过的山川河流，便也没有了那些或平常或旷远的瞬间。

崔颢开始写边塞诗。他在《关西行》中写道：

燕郊芳岁晚，残雪冻边城。
四月青草合，辽阳春水生。
胡人正牧马，汉将日征兵。
露重宝刀湿，沙虚金鼓鸣。
寒衣著已尽，春服与谁成。
寄语洛阳使，为传边塞情。

燕郊之地，芳草期快要过去了，然而边城中，还有一点儿没有化尽的积雪。四月，青草铺满辽水的北岸，终于有了春意，积雪融化，河水上涨。关外的胡人正在放养战马，关内的汉人在日日征兵。这里是战争的主场，露水将士兵的宝刀打湿，军队的金鼓在呜呜作响。然而将士们的冬衣已经穿烂，春衣还没有着落，洛阳来的使者，请转达这事情。

虽然崔颢的仕途就这样苟延残喘着，但是边塞为他的诗带来了新的活力。很多人都说，崔颢自去了边塞，诗风忽而一转，变得充满豪情壮志，风骨凛然。诗风即人品，有谁会有这样大

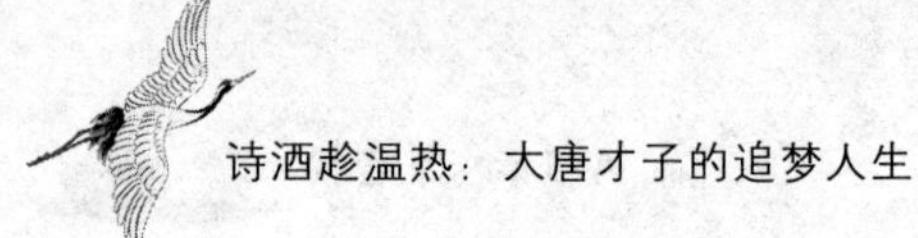

的变化，前后不一以至千差万别吗？

不，崔颢从来只写打动他的。

繁华鼎盛的长安，打动崔颢的是细润的女子；荒寒萧瑟的边塞，打动崔颢的是勇猛的战士。

他想写什么就写什么。有人说他的坏，他不在乎；有人说他的好，他也不感谢。

他只在乎自己成为什么，这或许就是他的坏。

被他人左右处境，不被他人左右本心。

崔颢一直都想做个清贵文人，他仰望过，羡慕过。但是他仕途不顺，前半生写些艳诗，后半生不断远走。二十年的漫游之后，才又回到京城，做了京官。

梦回青春，梦回边塞，崔颢或许也曾想做个少年游侠。

少年负胆气，好勇复知机。
仗剑出门去，孤城逢合围。
杀人辽水上，走马渔阳归。
错落金锁甲，蒙茸貂鼠衣。
还家且行猎，弓矢速如飞。
地迥鹰犬疾，草深狐兔肥。
腰间带两绶，转眄生光辉。
顾谓今日战，何如随建威？

——《古游侠呈军中诸将》

这位少年游侠，勇猛，有胆量，执着长剑去战场，杀敌无数，立功受赏，骄傲归家。回家后唯爱游猎，游侠腰间系着两条系了印章的丝带，目光灵动，前方的猎物肥硕，后方的随从紧跟。游侠对随从们说："这次跟我打猎，同往日追随建威将军作战相比感觉如何？"

这位少年游侠是一个潇洒又豪爽的人。

崔颢此生不为游侠，自也想成为这样的人。

崔颢不是什么坏男孩。他可能有时也拽小姑娘的辫子，但是女生们如果真的被欺负，他一定是撸起袖子上去打架的那一个，被打得鼻青脸肿也不害怕，只会满不在乎地微笑。

愿意为女性表达的人，都值得鼓励与理解。

那其他他失去的和他得到的，都如他所说："莫言炙手手可热，须臾火尽灰亦灭。莫言贫贱即可欺，人生富贵自有时。"

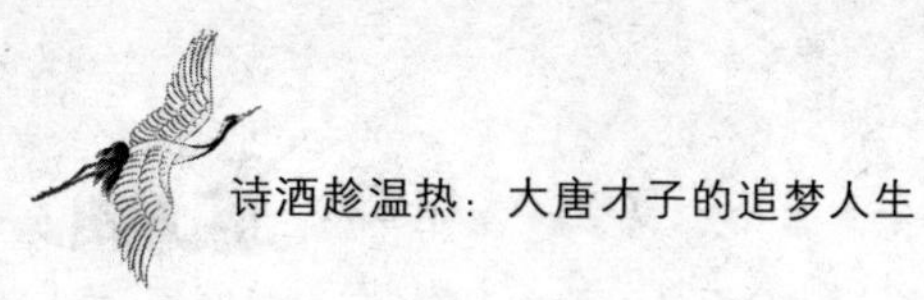

张旭：热爱的，宝贵的

张旭是什么做的？

山河日月、风霜雪雨，

以及矫健的舞、泼墨的画和高昂的歌。

张旭就是由这些做成的。

洛阳天宫寺在等一幅壁画。

裴旻裴将军在等吴道子。

吴道子在等裴将军的剑。

无人在等张旭。他两手空空，站在一旁。

裴将军搁下金帛，脱掉丧服，已经舞起了剑。裴将军好似一把冷冷清清的破敌剑，有睥睨之势般地游走在战场上，躲过刀光，避过剑影，从马上横飞，又自脚下而来，摇摇摆摆，却有坚韧之姿，一招一式，自不绝于阵前。裴将军又快走了几步，连天上的仙人都敢斗一斗。他掷剑而上，剑直冲云霄而去，十几丈高，而后剑如闪电般下射，似乎无人可挡。但是裴将军只拿了剑鞘轻轻一接，那火猴子一般的剑乖乖入鞘，一舞毕。

裴将军像是一把火，点燃所有艺术家蠢蠢欲动的心。

吴道子拿着画笔开始挥洒。

一支笔在墙上游走，吴道子在大地上踩踏。他的身姿大抵比不上剑一般的裴将军，一会儿垫脚够天，一会儿蹲伏至地，从左至右地走，从右至左地跑，不甚美观。但是那支笔在他的手中，似战鼓，咚咚咚地敲响墨与墙的碰撞，征服，承受，晕染，绽放；似女子，是笔与墨的纠缠，徘徊奔走，缠绵悱恻；似歌声，是笔与墙的勾连，飘扬婉转，绵绵不绝，又轻柔又高昂。一幅壁画俄顷而成。一个又一个仙人神采飞扬，翩翩姿态，满壁生风。

无数人因这一剑一画围拢而来，或目瞪口呆，或赞不绝口。

除了张旭。

他人因作品而慨叹，张旭因创作而激情。

张旭在狂妄的激动中拿出他的笔。

张旭笔走龙蛇，眼中只有笔，心中只有字，他酣畅淋漓地，

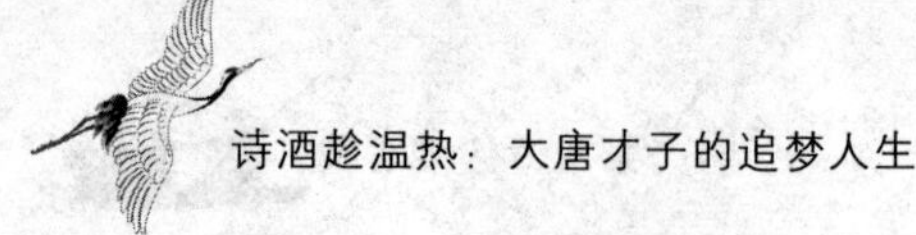

在另一面墙上尽情地挥毫。

那些字，只是字，又不只是字。那些字，有裴将军的剑在其中游走，摇摇摆摆却有坚韧之姿，那些字，有吴道子的画在绽放，翩翩姿态，更胜一筹。

这场因为裴将军母亲新丧，希望用壁画超度亡灵而引出的一场艺术盛宴，随着张旭的最后一个字写完而落下帷幕。

这是盛唐艺术最美妙的一刻。

“剑圣”裴旻如愿等到吴道子。

“画圣”吴道子如愿看到裴旻的剑。

洛阳天宫寺如愿等到那幅画。

“草圣”张旭站在一旁，拿起了笔。

一面墙，两个人，不过尔尔，艺术与唐朝如愿等到了张旭。

因为张旭的字——贵。

唐朝就是有这样俗气的快乐，艺术并非曲高和寡的阳春白雪，而是能够丈量黄金的岛上宝藏。

张旭怀抱宝藏，行走人间。

张旭的宝藏，来自家族的馈赠。

张旭来自一个书法世家。张旭的母亲陆氏是唐初书法家陆柬之的侄女，是政治家书法家虞世南的外孙女。张旭从陆柬之的书法所长，跟随陆柬之的儿子也就是张旭的表舅陆彦远学习。

不需记住这杂乱的关系，只知这宝藏确实有点一脉相承的意味，自唐朝之初就融在血液里不曾消褪。而作为唐朝“烟凌阁二十四功臣”虞世南的后代，张旭一出生便被标定了名牌——含着金汤匙的少爷。

张旭的家世刚刚好。

上不及皇室，因此所有与权力和争斗的词汇与他无关：权力带来的自我，争斗带来的狭隘，因眼高于顶带来的高傲，因唾手可得带来的虚假。下不及贫民，因此所有与贫困有关的词同他无关：贫穷带来的窘迫，低下带来的卑微，困于一隅带来的目光短浅，落魄流浪带来的愤世嫉俗。

在政治和艺术都有影响力的书香门第，带来了丰盈的物质，良好的家风，优越的艺术氛围，以及完美的入仕之途，张旭不必有寒窗苦读的忧虑，更何况热爱就在眼前。

这位含着金汤匙的少爷，爱学习，爱喝酒，爱美妙人间。

张旭跟着自己的表舅学习书法。他们传承王羲之、王献之之路，张旭的表舅擅长行书与隶书，张旭一张又一张地临摹，一点儿又一点儿地钻研。但那行云流水的行书，公正端庄的隶书，在一日又一日的重复中，如同张旭春季行舟一般的人生，风平浪静地走，顺遂，也是无波无澜，了无生趣。

字是人的另一面。

张旭的楷书端正谨言，唐朝甚至没有人可以跟他媲美，但那只是规矩的继承。

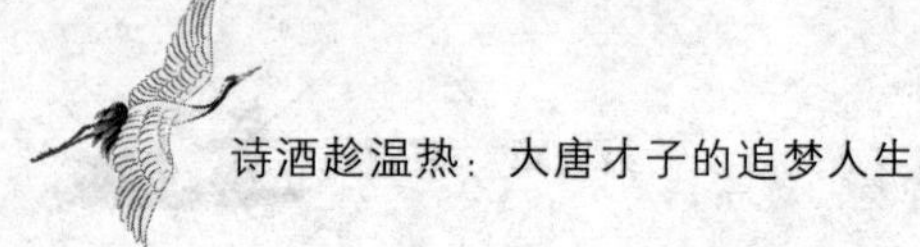

张旭指点纸上江山，他挑挑拣拣，又去学草书，起伏如云或汹涌如海。

张旭去学习和效仿草书大家张芝的作品。

他先是将喜爱放入，然后是时间、自我，情绪直至世间万物。因此，张旭的宝藏，也来自“我”。

韩愈在《送高闲上人序》中称赞张旭说：“喜怒、窘穷、忧悲、愉佚、怨恨、思慕、酣醉、无聊、不平，有动于心，必于草书焉发之。观于物，见山水崖谷、鸟兽虫鱼、草木之花实、日月列星、风雨水火、雷霆霹雳、歌舞战斗、天地事物之变，可喜可愕，一寓于书，故旭之书，变动犹鬼神，不可端倪，以此终其身而名后世。”

张旭的草书，不是没有灵魂的木偶，是所有情感的流淌，是自我洋溢的蓬勃，是世间万物的化身。

喜怒哀乐是它，贪嗔痴怨也是它。

山水虫鱼是它，风光雪雨也是它。

它穷尽一切，吞噬一切，也释放所有，绽放所有。

这大抵就是张旭的癫狂吧。

张旭创造了潇洒癫狂的草书风格，那草书风格也便影响着他。

也不知道是他创造了草书，还是草书创造了他？

在艺术的王国里，人并非世界的主角，一切的物与命皆平等，皆自由，皆共生。

张旭的性格如他的草书一般。

张旭爱酒，是“饮中八仙”之一。李白和贺知章是他的酒友。张旭又喝了一杯酒，仰着脖子，好像吞咽了整个江湖。侍奉帝王，也没人是他的对手。他畅饮百杯，脸颊不过微微变红，作诗百首，因为这不过是信手拈来。

他在《醉歌行》中吟唱着：

金瓯潋滟倾欢伯，双手擎来两眸白。
延颈长舒似玉虹，咽吞犹恨江湖窄。
昔年侍宴玉皇前，敌饮都无两三客。
蟠桃烂熟堆珊瑚，琼液浓斟浮虎珀。
流霞畅饮数百杯，肌肤润泽腮微赤。
天地闻知酒量洪，劝令受赐三千石。
飞仙劝我不记数，酩酊神清爽筋骨。
东君命我赋新诗，笑指三山咏标格。
信笔挥成五百言，不觉尊前堕巾帻。
宴罢昏迷不记归，乘惊误入云光宅。
仙童扶下紫云来，不辨东西与南北。
一饮千钟百首诗，草书乱散纵横划。

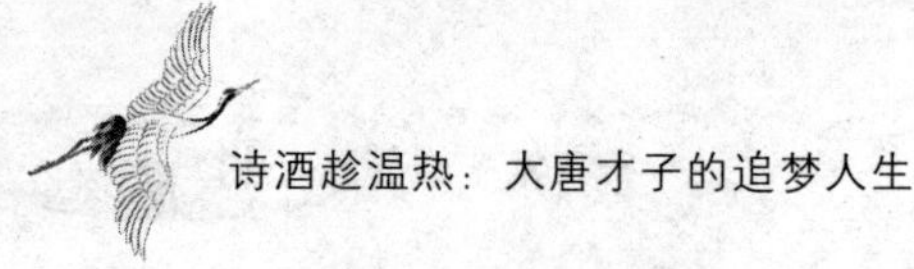

酒也喝了，诗也做了，那就继续写字吧！

张旭看着眼前的世界，长安城的繁华氤氲成五彩的仙境。但那些劝酒的飞仙，搀扶的仙童，又幻化成他的字，一个又一个地飞舞在空中。张旭在街上呼叫、狂走，没有人知道他在追逐什么，他也不在乎。

张旭醉酒成书，甚至用头发蘸着墨水去写，写完之后再看，直呼为奇异之作，不可复制。

张旭有艺术家的痴、傻、狂、颠。

一心一意为痴，不为利来是傻，洒脱不羁为狂，行而无状是颠。

天下之路，纷纷杂杂，有人走坦途，有人行狭路。天下之求，各色不一，有人求名，有人为利。

张旭只为字。

张旭太稀有，因此我们侧目，好似见了鬼怪。

大抵是他的字也变动如鬼神，变幻莫测，一气呵成，但不曾断绝，勾连之间，功力雄厚。

张旭有字的癫狂，也有人的琢磨。

张旭不是什么流于表面的公子哥，也不是自视甚高的孤傲者，他巧看世界，细致入微。

颜真卿和崔邈求教于张旭，张旭让他们观察人间。

张旭在看到公主和挑夫争执过路，公主权势逼人，挑夫又急又怕，但还是走得摇晃又稳当，这好似就是草书笔法的意境。不是在空无一物的房间里行走的从容，而是在方寸之间不停顿、不阻滞，在拥挤之中不碰撞、不粘连。

张旭在郯县时，经常去看公孙大娘剑舞。公孙大娘一舞起来，所有人都会被吸引。她的剑夺目，舞矫健，起势时震动四方，好似山河哭泣；出剑时雷霆万钧，狂风怒号；收舞后又恢复清平之势，如平静的海面。

这就是草书的神韵吧。

是长安万象，是大唐风度。

大唐好像总是不缺艺术家，唐朝无限包容，必也无限繁荣。

张旭的草书、李白的诗歌和裴旻的剑舞，被唐文宗御封为“三绝”。

大唐又不只是这三绝，“百代画圣”吴道子，剑器第一公孙大娘，他们就在张旭的周围，将唐朝的艺术推向繁荣。

艺术好像也不是无用的了。

为诗哭泣，为画惊叹，被舞吸引，离艺术越近，便离自我越近。

因此，洛阳的天宫寺不只是等到了一幅画。

洛阳天宫寺三圣的相遇，是唐朝艺术的一次幸会。

而这所有的一切，你且去看，都在张旭的字里。张旭的字富有生命力，在俯仰之间，在呼吸之间。

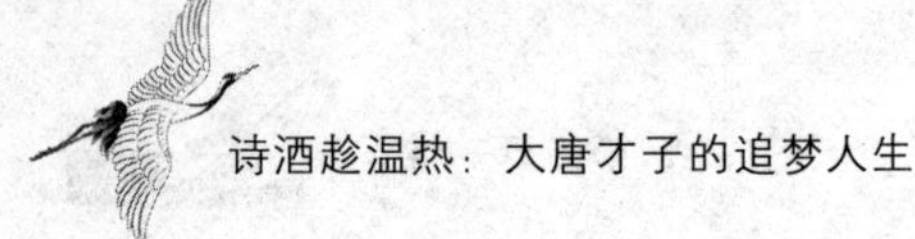

张旭成为名副其实的草圣。

张旭的草书随着张旭在成长。

张旭的字随着张旭在变贵。

张旭的字被当时的人们争相收藏。甚至有老人喜爱书法，为了能多得两张他的字，而去骚扰公堂，只为了张旭在状纸上的批示。而张旭在勃然大怒之后，了解事情原委，便问老人为何如此喜欢书法，老人说因为他的父亲喜欢而且留有遗作，张旭从中得到学习，书法越发精妙。

张旭走着他不温不火的仕途，看着这包罗万象的人间，继续着他的热爱。

感谢这庸俗的大唐，因为艺术是宝贵的。

艺术的表达亦是人性的表达。

人性是宝贵的。

王翰：开心点，人间不值得

王翰是什么做的？

沙场的酒、难以捕捉的风，

以及盛夏里的一场欢宴。

王翰就是由这些做成的。

王翰骑着马，踩着余晖，走在去往偏远而落后的道州的路上。那里挨挨挤挤的，都是些被贬谪的文人，多一个他不多，少一个他也不少。其实，他也不在乎，只是忽然不开心了，不想走了，于是他身后长长的队伍都停了下来，在黄昏里闪着一点儿金色的光。

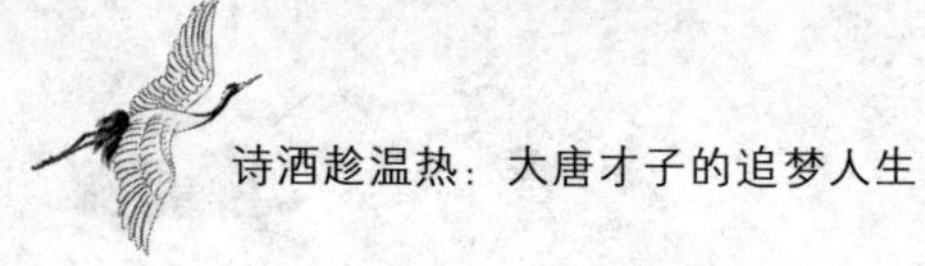

他们像是一群迷路的蚂蚁，不在乎巢穴，在山路上静止下来。

王翰下马，仆人上前询问他的意思，王翰只要了杯酒，拿在手里。山峦起伏，在巨大的夕阳下如同一匹慵懒的豹子静卧着，黑暗很快就袭来了，野兽张开血盆大口，将一切光亮吞噬，但再等待一会儿，世界就会被月亮驯服，皆披温柔白光。

如果有仙子从那广寒宫下来就好了。云做的车从天而降，纷纷降落的美人摇曳水袖婀娜多姿，星星灯一排又一排地点亮，琵琶声箫笛曲越来越近，许许多多的文人墨客相继落座，一场宴会即将开场，大家觥筹交错，赋词写诗，好不快活。

除了仙子难求，其他的一切，王翰都经历过，都想念着。王翰度过了许许多多这样的夜晚。但现在，因为一次又一次地被贬，他被发落到越来越偏远的地方，不知道还会不会有雕刻精美的灯，会不会有含笑遮面的伊人，会不会有犹如天籁的演奏，会不会有这样好喝的酒呢？他咂咂嘴，想让酒香在唇齿间留得更久一点儿。

贵公子王翰，他的随心所欲是富庶盛唐才能滋养出的。他聪明，有智慧，也潇洒，不羁。

白日散才华，彻夜度欢宴，少年骑马、射箭、喝酒、写诗，少年应该是并州街头最酷的仔。

那时应该有许多这样快意的少年，在最好的时代里，最好

的青春里。

王翰只不过是那场天上人间中的一个，被我们知晓的一个。

他应该是其中最牛气的一个。

王翰和很多同期的诗人不同，他不是因出身平凡而困窘的王昌龄，也不是出身世家而勤奋的张九龄，他来自不被约束的富贵之家，从不曾以高大的信仰为基石去奋力寻天，他就站在云上说："长安少年无远图，一生惟羡执金吾。"（出自《饮马长城窟行》）

简单又骄傲的少年，才能说出豪言壮语。

王翰要风得风，要雨得雨。

王翰如此顺遂，一路科考，便得了进士。只需要再进行一次选试，王翰就可以进入许许多多人梦寐以求的官场。但王翰并没有急忙将自己放置其中。那是一片无法预料的海洋，看起来平静，却无比湍急；看起来美丽，却泥沙俱下，为什么要急于将自己抛掷其中，如一条小船般狼狈不堪呢？

那些令人痛苦的所在，从不是王翰的追求。

唯唯诺诺，如履薄冰，也不是王翰的性格。

王翰从不依附于那些虚无的、广大的、听起来令人肃然起敬的规则之中，他喜爱捕捉琐碎的、美丽的、可以令人全情投入的生活瞬间。

热闹的街头上换了新灯，古旧的小巷开了酒肆，美人的惊

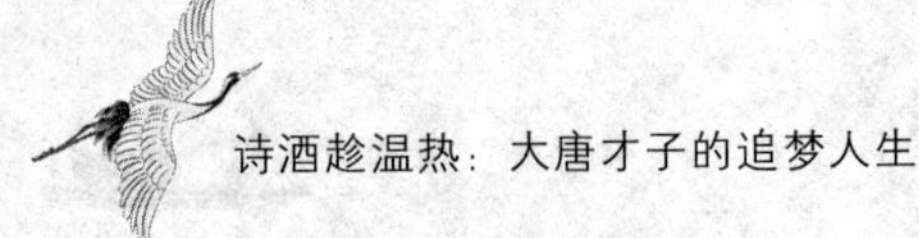

鸿一瞥，勇士的绝佳交战，无不令人振奋、快乐。

王翰从不屈服于外物，他只服务于自己。不知道这是少年的纯粹，还是痴傻。

他是自私的。

这样的自私需要莫大的勇气。

王翰慢悠悠地过着。

王翰登第后，并未任任何官职。王翰依旧白日散才华，彻夜度欢宴。他骑马、射箭、喝酒、写诗，当年和他在一起的人，大约已经换了一批，大家都忙于仕途、家庭、人际，倒是王翰，还在苦恼一杯酒的好坏。

但王翰从不缺他人的夸赞。王翰登第后，回到家乡并州。并州长史很欣赏王翰的才华，款待他，对他礼遇有加。唐朝人的宴席，不论王公贵族，还是平民百姓，多有舞。因此，王翰也不扭捏，写了诗词乐章，在聚会上又唱又舞。

王翰在，热情就在，他总是有无限蓬勃的生命力，如同一颗种子，永远不死的种子。

张说很看好王翰，他是王翰的贵人。

王翰开始进入仕途。后来张说入朝为相，便一直提拔王翰，王翰做了驾部员外郎，一个军队里的文职，王翰因此去了边塞。

自唐朝开朝以来，边塞便战事不断。那里有军职，亦有文职。弃笔从戎的热潮汹涌而来，来来往往的文人去了风沙凛冽的西北，没有几个人留下，却流传了无数的诗篇。

唯有凉州歌舞曲，流传天下乐闲人。

——出自杜牧《河湟》

王翰应该去，他也去了，他是热潮中的一朵浪花。王翰在那里写下了流传千古的《凉州词》：

葡萄美酒夜光杯，欲饮琵琶马上催。

醉卧沙场君莫笑，古来征战几人回？

战事忽来。琵琶声声声欲催，夜光杯被随手抛掷在桌上，将军还没来得及咽下最后一口葡萄酒，便骑上马开始挥舞刀枪。最后还会不会归来，谁又知道呢？天地旋转，是死，还是醉呢？都请你莫笑我，为我倾倒一场，好不好？

无人不赞叹这其中的豪爽与幽默，那好像是让人能看到失望尽头的一场风沙，将世界都席卷干净，露出一张干干净净的面庞，冲你微笑。

王翰将生死作乐，将悲伤搁浅。

王翰因为张说，又过了几年好时光，肆意又快活。

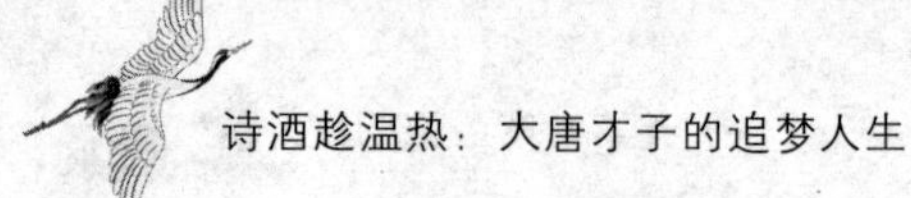

张说既是朝廷权贵，也是文坛大佬。张说身边围聚了很多文人，他们就像是许许多多鲜艳的鱼成群结队地游，如海洋中一座移动的珊瑚礁，惹人注目。他们显眼还不够，还要把其他的鱼论资排辈，够不够凶猛有力，够不够鲜嫩多汁，够不够漂亮夺目，但最后的结果显然不够令人信服，毕竟在第一等的，都是他们中的鱼，他们不给其他单独遨游的生物一点儿机会，即使那些鱼名扬千里。

一张将上百名文人分出三六九等的榜单一经公布，便被人们嘲笑而憎恨。但那样的大事件，放在文坛，倒也热闹非凡。

不用说，王翰是一等鱼，但是他大约不在乎这些被文人热切讨论的事情，他只想自由自在地游，在水里看看星空。

王翰家里有歌姬、名马，还有很多很多的欢宴和诗句。

王翰生来便是不折不扣的诗人。王翰很爱写诗，也很能写诗。他的诗篇如珍珠、美酒，多却也珍贵，但也正因如此，美酒被埋藏，珍珠也遗失，他只有很少的诗篇被人们所知。

但那又何妨，谁说写诗就要最好，快乐才好。

王翰不是不知忧愁，他见过诡谲的政治、无情的沙场，也经历过友情的渐远、亲情的流逝，但他从不会陷入痛苦，挣扎隐忍；他从不会失掉热情，放走勇气。

有人写诗，是记录生活；有人写诗，是自我询问。诗是他们的伙伴，甚至是他们的信仰。但那样的诗句太过沉痛，包含了太多血泪。

但王翰的诗应该是美丽的，它什么意义都没有，只是它本身，一种轻盈的、舒缓的歌，每个人投入进去，便是赤裸的婴孩，自然地蜷缩。

王翰自带治愈功效，确实可以列为一等鱼。

鱼还在，但珊瑚礁却要没了。张说被罢相后，跟着张说升迁的王翰便也接二连三地被贬。

王翰也是会伤心的，但他没伤心多久，便又恢复状态，写诗喝酒，打猎听歌。

没有什么是一场宴会解决不了的，如果不行，那就两场。

一场宴会里，都是文人墨客，觥筹交错，吟诗唱和。很多年前想要的威风而又光耀的一生，王翰好像没有得到，又好像一直都有。文人墨客里有个叫杜华的乖书生，他的母亲崔氏说，你要是能和王翰做邻居就好了。

但王翰从不是世人眼中的好模范。一个风流贵公子，走在人生的下坡路上。

王翰继续被贬，这回他要去偏远而落后的道州。哪里都有这样一群沮丧地走在路上的人，他们总在担心、害怕周围人的眼光、没完成的工作、升迁路的艰险以及很多很多琐碎的令人烦恼的事情，他们年复一年地陷在其中，焦头烂额，就好像糟糕的人生也就如此，充满情绪的自我控制和等待解决的难题。

他们从来不知道自己要什么，趋之若鹜地走着，埋头走着。

他们像是一群迷路的蚂蚁。

他们从来没有抬头看看，从来没有试图将自己放出来，哪怕只是去度个假。

而王翰从不在乎这些。王翰是自私的，他的自私是一层模糊的七彩的膜，可以隔绝一切外物，将自我完全拥抱。因此，他旷达而不羁，哪怕这使得他没有什么所谓的完美人生。然而，什么是完美人生，谁知道？王翰可能也会笑而不语，然后邀请你去他的晚宴，跳一支舞送给你，祝你早日找到答案。

王翰被贬道州后，他便在历史上失去了踪影。他的诗集也没有流传下来，只有几首诗还在，大喇喇地诉说着他的态度。

“我什么都不怕，自顾自开心。”

这句话永远可以送给知道王翰的人，他有过顺遂，也有过坎坷，到头来，只想要一场像模像样的聚会。

王之涣：余生皆假期

王之涣是什么做的？

滞留的歌唱、漫无目的的山河，

和二十四个灵魂。

王之涣就是由这些做成的。

微雪跳跃在重叠的酒楼上，寒冷施了魔咒，捉弄瑟瑟发抖的凡人。冷色的天空好像胡乱涂抹的画布，显露出一点儿深沉的蓝。聪明的人类才不会束手就擒，手中的炉火将四周暖得困顿了起来，时光仿若静止，只有酒楼的一方天地是临时的舞台，有人依次登场。

是一群梨园女子。

她们在此处聚会，好不热闹。

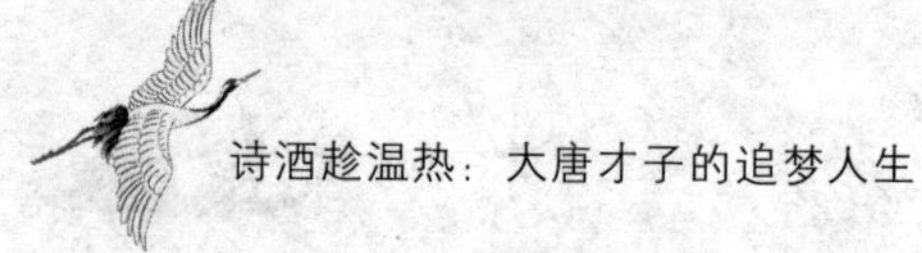

诗人们挨挨挤挤地围着小火炉，看她们的表演。

四个美人好似从画中走来，袅袅娜娜地如同春天的柳树，不被风吹，自有姿态。她们的珠玉首饰随着动作叮叮当当地摇晃，乐曲奏响，然后唱起歌来。

这时的唐朝，诗风繁盛。唐诗本就是按曲谱填词而来，然后被人们吟诵和歌唱的。

王之涣、王昌龄和高适这时虽然都不太得意，但是确实已诗名在外，但是这谁高谁低，一直没有分出。正好，大家商量，悄悄地听这些歌女唱歌，谁被编入的诗词越多，那就说明谁更厉害。

三个无聊的诗人，在做一个无聊的赌约。

先是王昌龄的诗句，王昌龄在墙壁上画了一道。随后是高适的，高适也依约伸手画壁。王之涣有点着急，因为第三首歌，还不是他的诗，一激动，指着其中那个最美丽的歌女说："如果到她唱歌，还不是我的诗句，那我这辈子就不跟你们争高低啦，如果是我的诗句，你们要拜我为师！"

又一个无聊的赌约。

不过大家很开心，嘻嘻哈哈地等着这谜题揭晓。

不一会儿，那个双髻的歌女唱：

黄河远上白云间，一片孤城万仞山。

羌笛何须怨杨柳，春风不度玉门关。

辽远的江河在女子的樱桃小口中出现，悲情与壮丽亦在，这好像才是真正的盛唐应有的气阔。

果然是王之涣的《凉州词》。

王之涣这回是真得意，揶揄道，“怎么样，我没说错吧？”

王之涣是有不羁的灵魂的。

他来自太原的名门望族，祖上有人当官，大家便跟着迁移宅子。所以王之涣没有什么衣食之忧，大抵也没有什么仕途之苦，他聪明好学，可以研读出文章的奥妙。

不过王之涣才不做什么书呆子，他少时有豪侠义气，常常击剑悲歌，放荡不羁爱自由。可能那时的王之涣，心里便有个可以游荡的远方和且歌且行的自由人生。

不过，王之涣也走了一段寻常路。他自有才华，但是并没有在仕途上拼搏，而是因为家庭余荫去补任了衡水主簿。

王之涣好像就是这样懒懒散散，不像其他人，要在仕途上一条路地走到黑。让他做，他便做了，也能做得很好，但是也没有什么攀爬的欲望。

他去参加宴会，也一起同友人别离。

他喝了酒，说离舟：

长堤春水绿悠悠，畎入漳河一道流。

莫听声声催去棹，桃溪浅处不胜舟。

——《宴词》

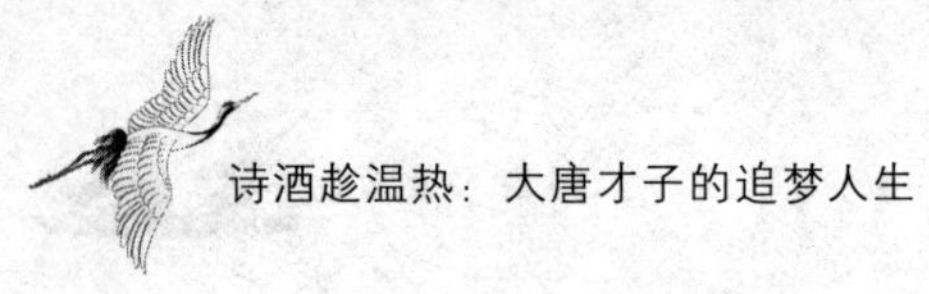

他不想忧愁，便只说柳：

杨柳东风树，青青夹御河。

近来攀折苦，应为别离多。

——《送别》

他说，春风中的柳枝啊，最近被攀折的太多了，应该是分别的人太多了。

说完，他大抵也要折下来一枝，送给友人。

王之涣从来不是什么循规蹈矩之人。

王之涣任职了几年，拐了小他很多岁的衡水县令的女儿回家，又过了几年，因为在官场上遭人诬陷，便辞去官职。

王之涣好像真的没有什么留恋的，流言蜚语无所谓，功名利禄又何妨。他不再是无忧无虑的少年，但是击剑悲歌常在梦中。他不是没有欲望，而是自由与远方难与人说，因为那是幼稚的、任性的、不可理喻的。

三十九岁的王之涣在辞官回乡的途中，路过鹳雀楼，写下了世人皆称赞的名篇《登鹳雀楼》。

他在天地之间大声地唱：

白日依山尽，黄河入海流。

欲穷千里目，更上一层楼。

洁白的太阳在重山中死去，滔滔的江水在大海中消失。我想要看到远方，那就只能去更高的楼上。

远方就在那里，只不过无人看到，因为他们在平凡的楼层中拥挤。

此后十五年，王之涣专心写诗，有时他在家，有时又出门，去看看山河，去聚聚友人。

王之涣同王昌龄唱和，同高适相遇。

这几个后世有名的边塞诗人，不一定在边塞，但一定在不断地久别重逢。

他们不是史书上的虚名，而是真实的朋友。

王之涣四十多岁时，在蓟门住过一段时间，那里秋风萧瑟，他遇到高适，然后别离：

蓟庭萧瑟故人稀，何处登高且送归。
今日暂同芳菊酒，明朝应作断蓬飞。

——《九日送别》

他说，这里的朋友很少，还有谁能登高目送我离开呢？今天我们就一起喝下这菊花酒，不知何时，我们才能再相聚。

走在远方的人，好像就是这样，总有别离。

但是走在人生的远方里，便常有重聚。

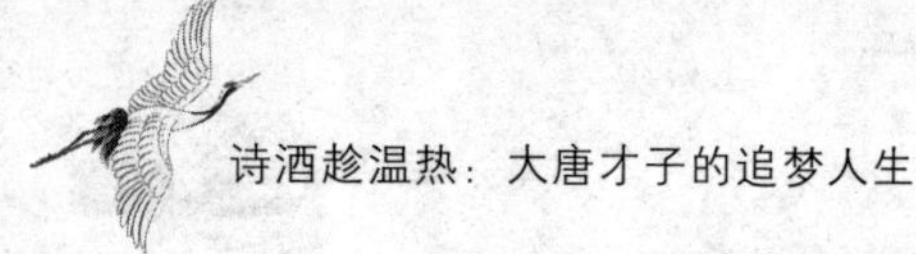

不论那场旗亭画壁的故事是否真的发生，但是他们三个在洛阳，相聚在冬天，就很美好。

王昌龄的一生，不断被打压，是失败而沮丧的；高适的一生，则是自私地开放，流言蜚语常伴左右；只有王之涣，是自由且散漫的，过了一个长长的假期。

假期结束，王之涣回官场的那年，便因病去世。

王之涣好像就是这样的，永远出其不意。

王之涣虽作为边塞诗人的代表，但并未有史料记载他曾在边塞停留，他只是晃荡地去过凉州，看了看，写了《凉州词》便又走了回来。他更像是一个旅游诗人，边走边看边写。这也没有什么不好，他独自行走，便也独自地悲伤与快乐。

他写了那些盛唐的故事、那些想要建功立业的人、那些想要去看更广阔世界的人，他也写了他自己。

他写了盛唐的另一面，浪漫的，理想的，同时也是幼稚的，任性的。

只有盛唐才能滋养出这样的人。

因为看过繁华，才能寻求远方。

第五章　难寻觅

她不曾喜爱自己，
但在夜里悄悄打开自己。
她承认自己的欲望。
没有谁是她的主人。
她的头脑，才是她自己的山河。

上官婉儿：王冠世界，无人爱我

上官婉儿是什么做的？

美丽的河、黑色的欲望，

以及曲折的诗歌和长久的行囊。

上官婉儿就是由这些做成的。

上官婉儿秉烛行走，她的身后是偌大的宫殿和如尾羽的宫人。

李隆基执着刀与剑前来，他的身后是大唐的江山。

对峙。

臣服。

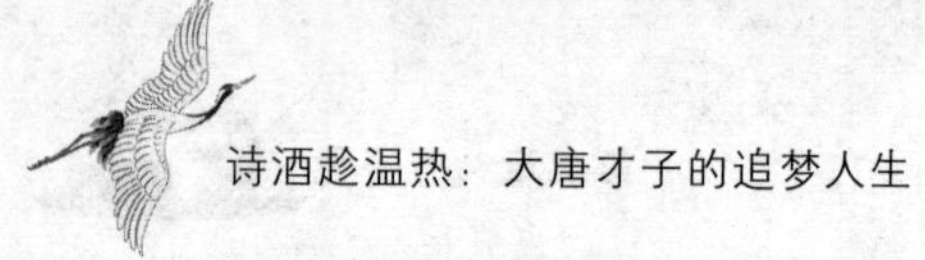

黑色的夜爬满了权力的影子。

此时此刻，所有人都犹如稚子。

直白，是纯粹的直白，是不必拨开皮囊就可见人心的险恶。

上官婉儿仍旧目视前方，她不再是那稚子。

但稚子时的死亡如旧潮复临，正在泼湿她的裙摆。

命运，无处可逃，即使一无所知。

上官婉儿无声无息地降临，那也是大唐初显不同的时刻。

四十七年前，唐朝正统正在走向衰竭。

唐高宗软弱无能，唐高宗的妻子武则天则恰恰相反。那细小的危机日渐渗透，李氏的天下如万里长城，被强大的蚁后一点点侵蚀，直至瓦解。唐高宗幡然醒悟时，已然晚矣，他的枕侧是他的女人，或许也是他的敌人。

唐高宗做最后的挣扎，他想要废掉武后，好像一纸诏书就可保大唐江山永安。

上官婉儿的祖父上官仪作为当时的宰相，替唐高宗草拟废除武则天的诏书。

可惜这诏书轻薄，入不得武后的法眼，最终变为催命符，催的是李唐的天下，也是所有李臣的命。

上官家族手拿催命符，身首异处，成为武后未来荣登大宝的祭品。

而尚在襁褓的上官婉儿，被她的母亲郑氏抱在怀中，进入掖廷为奴。

上官婉儿生来便带着罪罚。

她未出生时，还是万人敬仰的上官家的子孙，她出生后，倒是权力争夺战场上的弃儿。

上官婉儿像一只小小的动物，被关在宫闱之中、囚笼之内。

但是郑氏还带着世家的风骨、世家的学识。

这是任谁也夺不走的，郑氏将这些悉数传给了上官婉儿。

风骨让这牢笼不再坚不可摧，无法囚禁其皮肉致其受磨折之苦；学识让这牢笼不再狭小遮目，无数的道自成脚下前程。

生于囚笼，活于自在。

上官婉儿悉数收下。

上官婉儿不愧是上官仪的子孙，承着权臣在朝堂之上辩驳明理之风。而在掖廷之中为婢为奴，让她不曾有一刻的停歇，她在不动声色中成长，隐忍不发。

风华一寸又一寸地长在她的脊梁上，只等发光的一刻。

十四岁，上官婉儿被武后召见。

这时的武后已换名号为天后，狼子之心呼之欲出。女子竟在男权之下争得上位，武后开启了女子可以争权夺利的大门。

上官婉儿就站在门外，给了武后惊喜。

武后身侧皆是臣子，但那是百年李氏的臂膀。

武后需要自己的凤羽。

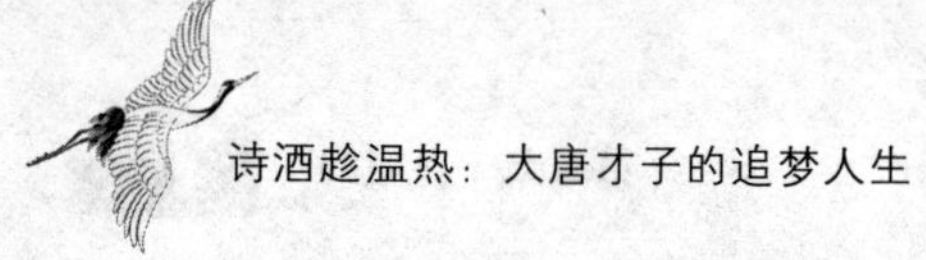

武后出题考较，上官婉儿自不负才名，文章当场写就，优美华丽，捕获人心。

结果，上官婉儿成为武后的身侧人。

她不再是奴隶，开始掌管宫中诰命。每一道圣旨，都将出自她手，她成为同她祖父一样的人。

上官婉儿好像没有恨，也没有爱，只做了轮回里的一只鸟。

上官婉儿二十六岁时，武后称帝。她依旧站在武后的身边，雷霆与恩宠，她悉数收下。

她也曾惹怒武后，但是峰回路转，她的才华仍旧被武后看重，她曲意奉迎，更得圣心。

三十三岁，上官婉儿开始处理百官奏表，参与政务，她开始触碰真正的权力。

四十二岁，神龙政变，武后从权力的巅峰退位，上官婉儿已在这宫中辗转将近三十年。

这将近三十年的时间，她逐渐开始掌握自己的命运，打开自己背负的行囊。但是她又好似还是曾经的稚子，只因为一个人的憎恶，就靠近死亡的深渊。

上官婉儿不曾爱重自己，她只敢在深夜悄悄打开，瞧瞧自己的心。

上官婉儿不敢走出权力的影子，她的美丽、才华和聪慧，让她没有在政变中倒下，她仍旧是起草诏书的那个人，她深受信任。

武后的落寞，是个人的失败，但是武后的兴起，是女子欲望的开端。

女子不再靠求情，而期同男子平起平坐，拥有坐看天下的勇气。

上官婉儿同韦皇后、安乐公主交好，那是她洞察人心的结果，也是女性崛起后，在内庭的围攻。

上官婉儿被赐予昭容，这曾经是皇帝宠妃的名号，寓意着是皇帝后宫中无数个求爱的女子。但是现在，这只不过是一个名字，上官婉儿是内臣，是可以引领文风，称量天下的女子。

上官婉儿深得唐中宗和韦后的信任，她祖父一案被平反，好像那只是一个可以改正的错误。

上官婉儿终于拥有了一点儿自己的喜好，她喜欢藏书，曾藏书万卷，并以香薰佐之，不受虫蛀威胁。这时，她好像终于可以变回宰相府中的一个小姐，有很多闲工夫，只爱看看书。

但她没有这样。

上官婉儿手握权柄，就不再松开。她劝说李显，广招当朝词学之臣，多次设宴，赋诗唱和。她才华横溢，即使在男子之中，也不遑多让。每次宴会，她都替李显和韦后作诗，一连多首，都轻松地好似从自己的行囊中拿出早已备好的瓜果，只为博她的主人一笑。

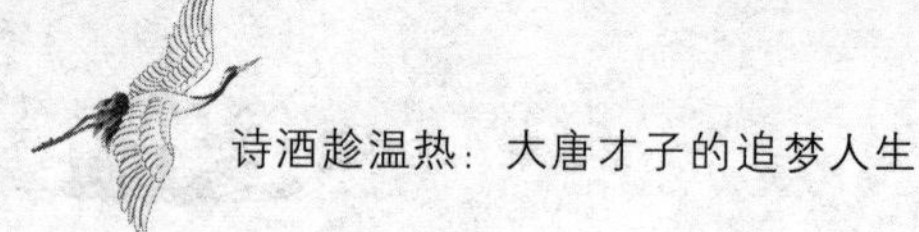

李显被上官婉儿所俘获，他令上官婉儿对大臣所作的诗进行评定，被评为第一名者，常常赏赐金爵，贵重无比。于是，朝廷内外，吟诗作赋，成为风尚。

上官婉儿不是一位诗人，但她让诗句成为文人的武器，诗歌便不再是一个人的诗歌，而是天下的诗歌。

没有任何一个诗人可以做到。

上官婉儿在正史里一直是玩弄权术之人，或许她真的如此。

上官婉儿不再愿意把命运交给别人，于是她十数年如一日，殚精竭虑，思考她如何将自己的权力牢牢握在手中。

上官婉儿向韦后推荐武三思，不管是因为私情，还是仅仅培植自己的党羽，她终究是做到了。武三思在韦后的支持下，相继贬杀当时的权臣，不可一世。

这令当时的太子李重俊气愤不已。

李氏和武氏，终究只有一个才能存活。

四十四岁，上官婉儿被发动政变的李重俊追捕，上官婉儿逃到唐中宗和韦后处，扬言李重俊要先杀自己，再杀皇帝与皇后。这令唐中宗气愤不已，经此一役，李重俊死，唐中宗的女儿安乐公主，蠢蠢欲动，想成为皇太女。

这其实也是男子与女子的纷争。

有武后在前，帝位不再是男子的专属。

不论上官婉儿究竟支持李氏山河，还是武氏天下，这场纷争终究会来，李显被韦皇后毒杀，李氏不再坐以待毙，李隆基发动政变，提着刀与剑，行走在宫中。

对峙。

臣服。

不论上官婉儿是忠心，还是狡诈，她都被李隆基斩杀，不再给她辩驳的机会。

太多历史，说她玩弄权术，私情混乱，但是她是真正经历这段混沌历史的人物。

女子欲望的先河，由武后开启，但是真正将这欲望展现得淋漓尽致的，则是上官婉儿四十七年的人生。

王冠世界，无人爱我。

上官婉儿如是说。

她不曾喜爱自己，但是黑夜里，她悄悄打开自己。

她承认自己的欲望。

没有谁是她的主人。

她的头脑，才是她自己的山河。

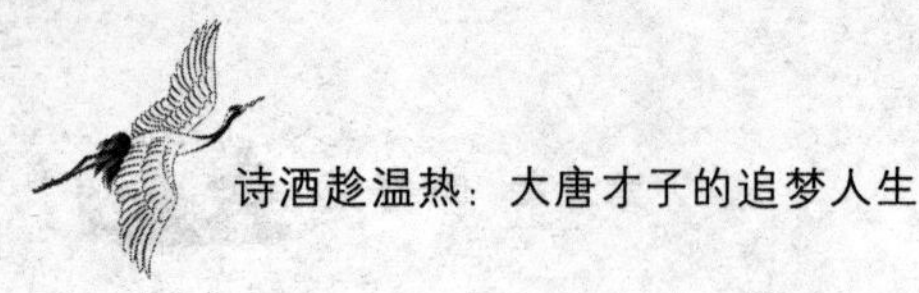

李冶：何患风流

李冶是什么做的？

蔷薇的花架、蓬勃的爱，

和流逝八百里的回应。

李冶就是由这些做成的。

李冶在开元寺中，她头戴黄冠，道士打扮，样子好像一支在风中摇曳的郁金香，是秀美的、也是疏朗的，在一群男子之中哈哈大笑。

这群男子也不是什么寻常人，皆才子名流，在唐中期，聚集在江浙一带，开宴聚集，吟诗作对。

李冶不是什么弹琴起舞的仙女，也不是娇羞追爱的青梅。李冶擅弹琴，美姿容，但是神态脱俗，因诗名同他们结交，是他们的一个道姑朋友。李冶同他们熟识，甚至在刚刚还开了一个有点儿戏谑的玩笑。

刘长卿得了一种叫疝气的男性病，一般会导致腹部有肿块，坠痛。

李冶没有什么不好意思，也没避之不谈，调笑说："山气日夕佳。"

刘长卿听了不怒，也不难堪，更是调笑地回复道："众鸟欣有托。"

大家听了便都哈哈大笑，笑疝气，也笑才情与友情。

两个人都借用了已有的诗句做谐音梗和形象的比喻，李冶说，嘿，你的病还没好吧，刘长卿回，没事，这肿块好歹有布托着，还行。

一个敢说，一个愿意回，大家彼此不在意，便是一个活跃气氛也无伤大雅的玩笑。

一群在外正儿八经的才子们，在熟稔的朋友面前，才显露出一些文人的小坏，很有生活情趣的热闹，李冶一个女子，在其中也不尴尬，如鱼得水。他们应该会谈论旅途，也谈论无常，谈论疾病，也谈论思念。他们品茶，或许也吃酒，弹琴、作画、写字，文人们的那点娱乐都被拿来充当快乐。

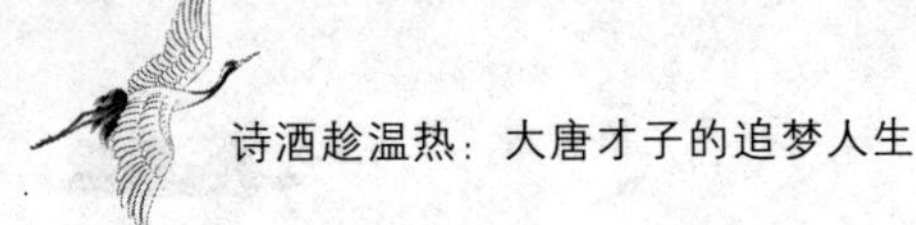

这样的日子，常常有李冶在其中，好像一直都是这样热闹而快乐的。

但等宴席毕，挥挥手，大家各自回家，只有李冶回到了属于她的道观中。

李冶是一名名副其实的女道士，还是被家人亲自送来的。

当然，没有什么弃婴被放在道观外被人捡的狗血戏码，李冶当然是有家的。

不过，李冶被送去道观的原因也颇为荒唐。

李冶，字季兰，生在湖州乌程的一个小富之家，按照传统的大家闺秀培养。五六岁时，她的父亲抱着她在庭院中，让她夸夸庭院中蔷薇花的美丽。小小的李冶当即作诗："经时未架却，心绪乱纵横。"她说，蔷薇架还没搭好，蔷薇花已经枝杈丛生，麻乱地生长了。

她的父亲听了这句诗，却颇感不详，因为"架却"同"嫁却"，他说，小小女子就知道出嫁的人心绪杂乱，长大了恐怕为失行妇人。

以己之心，度他人之行。太多父母的所作所为都是如此。即使在风气最为宽容开放的唐朝，这其中依旧有男尊女卑的社会等级，有严苛的女性标准，也有不断被打压被压榨的女性群体。

因此，李冶的父亲打着为李冶好的旗号，将十一岁的李冶送进了道观，即使这只是包裹着一种荒诞现实的想象，就这样轻松地决定了李冶一生的归宿。

李冶的父亲以为他架起了花架，就可以阻止花在春风中摇曳。

李冶并未如她的父亲所愿，如被绑缚的花一样，自律而严苛地生活。

世间荒诞，便有荒诞道观。这是唐朝的特殊产物。

道观的盛行源于道教的盛行。

首先是因为那尊贵的皇室不仅打天下的主意，还打神仙的主意。毕竟大家总是比较相信荒诞故事，做了皇帝，讲求承上天之意，才可让大家信服。在唐朝，道教是国教，自是兴盛起来。

虽然在武则天时代，道教一度被佛教压制，但是武则天时代一过，道教又兴盛起来，甚至有过之而无不及。

其二是当时女子入道之风盛行，入道好像成为一种贵族们的潮流，很多追求自由和新鲜的公主们纷纷入道，因为女道士不仅衣食无忧，而且不受礼法所困，可以自由地同男子交往，皇室为公主们修建奢靡的道观，看似耸立起了一堵堵高墙，实则是修建起了一方世界。

道观里面有无欲无求一心修仙的道人，也有权势滔天爱自由的贵族，还有或摒弃世俗或被世俗所弃的女子。他们只守道规，不尊礼法，所有人性的美丽和丑陋都被一一展示，而当其中掺杂了政治、权力以及情爱之后，让应是清静无为的一方净

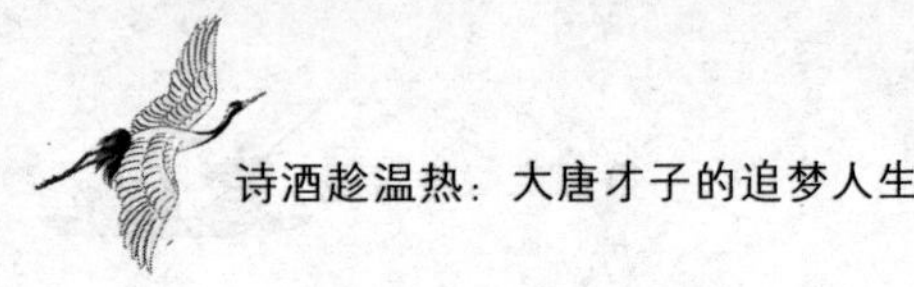

土变得扭曲而荒诞，也让其中的女子被世俗所嘲讽。

因为她们是不同的。

白居易在《玉真张观主下小女冠阿容》一诗中写道：

绰约小天仙，生来十六年。

姑山半峰雪，瑶水一枝莲。

晚院花留立，春窗月伴眠。

回眸虽欲语，阿母在傍边。

玉真观一个叫阿容的小女冠，十六岁了，长得像是天仙一样，看到好看的少年想要搭话，但是碍于母亲在身旁，便没有上前了。

李冶被送去的道观也叫玉真观，或许她还认识这个叫阿容的小姑娘，只不过身边没有母亲陪伴。

人无非三情：亲情，友情，爱情。

李冶与血缘亲情无缘，那么爱情和友情自然不能缺失。

李冶没有因为父母亲情的羁绊，而变得羞涩而内敛，在道观中的她，学琴、学诗、学爱。

李冶一扫女子的娇羞，少女时的她，大胆、赤诚、坦荡无畏。因为爱不应该是难以启齿的洪水猛兽，也不应是自以为是的一厢情愿。

爱应该是正确表达的。

李冶少女时期，已经以诗会友，同后来称为茶圣的陆羽，“江东名僧”的诗僧皎然交厚，应该是在湖州的时光。

李冶和陆羽年岁相当，皎然比他们大约大个十来岁。这时的李冶和陆羽还是二十郎当岁的年纪，李冶住在湖州的玉真观，学弹琴，学作诗，有少女的活泼，也有天性中的洒脱。陆羽这个小可怜，小时候是个弃婴，被寺庙大师收养，中间也是颠沛流离，坎坎坷坷地长到成年，到了湖州隐居，每天研究茶叶。而皎然应该是他们之中最稳重闲淡的人，自从二十五岁之后入了佛门，便一心研究茶与佛学，同陆羽相交甚笃，亦师亦友。

也不知是陆羽还是皎然最先同李冶交往起来，反正这三个人就是慢慢熟悉起来，所有的史书都说，他们交情深厚。

三个人，躲在一间茶室里，皎然讲佛，或者讲茶，陆羽肯定要答上几句，讨论一番。李冶就在一旁饮茶，偶尔也说上两句活跃气氛。等大家都讲累了也听累了，对上几句诗文，说到妙处，叫几声好。

时光就这样悄悄地流过，情谊便如酒一般被酿造得醇香，一开盖，可醉人。

李冶对皎然生了爱意，她也不玩暗恋，给皎然送情书，她作诗《结素鱼贻友人》：

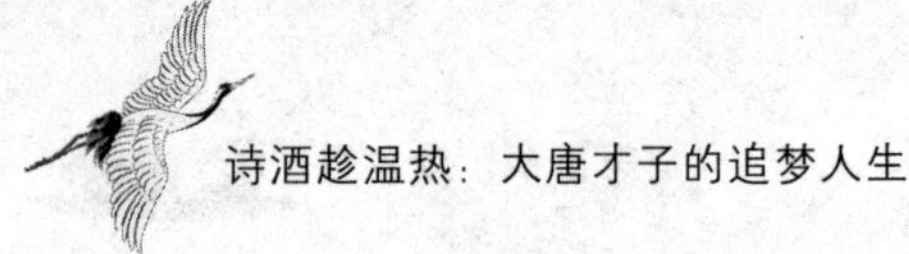

尺素如残雪，结为双鲤鱼。

欲知心里事，看取腹中书。

我将尺素结为双鲤鱼的模样，它洁白如雪，写着我的心事，请你拿来看。

李冶就是这样坦坦荡荡地表达。

皎然在《答李季兰》一诗中回道：

天女来相试，将花欲染衣。

禅心竟不起，还捧旧花归。

皎然借用佛典，将李冶比作天女，而他是花不沾身的菩萨，温柔地回绝。

两个人简直是表白典范。

一个说，我喜欢你，另一个说，对不起，我不能接受。如果所有的喜欢都能这样流畅而清晰地表达，大约也没有那么多爱恨情仇上演。

李冶对皎然，还不至爱情，大抵更多的是喜欢和仰慕。一个少女刚刚萌生爱的枝丫，对世界有期待，对美好有热爱，有一个琴棋书画样样精通的人在身边，似兄似友，那生了几分喜欢不是理所应当的事情吗？

不答应就算了，李冶应该也没再纠缠，日子还像从前一样过，大家依旧是好友。

李冶像是一丛没人看顾的野花，带小刺，迎着太阳生长，长得艳丽，渐渐引人而来。但大千世界，谁会为一丛花停下脚步呢？因此，谁愿意蹲下来细雨轻柔地呵护，谁就会碰到那丛花开的时刻。

李冶开始跌跌撞撞地学会回应这个世界，跌跌撞撞地学习爱。

随着李冶诗名越来越大，更多的人知道她，愿意同她来往。一群才子，或因为官职变动、或因为拜访朋友、或因为躲避灾祸，都聚集在这多水的江浙之地，一次又一次地聚会。李冶便同他们认识、交谈、熟悉，成为朋友、知音，甚至兄妹。

李冶在最被人称赞的《寄校书七兄》中写道：

无事乌程县，蹉跎岁月余。
不知芸阁吏，寂寞竟何如。
远水浮仙棹，寒星伴使车。
因过大雷岸，莫忘八行书。

李冶说，我光阴虚度，无聊透顶，不知道七兄你在供职的地方是不是也像我这样寂寞，如果有空，请学学鲍照，路过雷池给小妹寄封家书啊！

李冶好像真的只是无聊，给自己的七兄写首诗说我想你啦，别忘了寄信啊！有思念，但不愁苦，这是李冶的风度。

李冶渐渐脱了少女的稚气和热烈，变得气质疏朗，也大胆洒脱。

当然李冶也被爱情折磨过。

当时的唐朝，是大历时期，安史之乱让长安不再繁华如初，越来越多的文人来到这里，留下诗篇和故事。

一场宴会，李冶在招隐寺遇到了阎伯均。

两人相知相爱，但还是抵挡不了别离，阎伯均要去江州上任。李冶在《送阎二十六赴剡县》诗中写道：

流水阊门外，孤舟日复西。
离情遍芳草，无处不萋萋。
妾梦经吴苑，君行到剡溪。
归来重相访，莫学阮郎迷。

意思是说，孤舟载你远去，落日沉没而西，不论黑夜白昼，我为芳草，我为梦，离情凄凄，不愿别离。莫忘我，请再来看我。

另外，李冶同朱放也有一段情。

应该还是别离后，李冶在《寄朱放》中写道：

望水试登山，山高湖又阔。

相思无晓夕，相望经年月。

郁郁山木荣，绵绵野花发。

别后无限情，相逢一时说。

意思是说，我看山看海，望日望月，思念都无法停歇，只想同你相见时来说。

没有人知道她是否等到过她的爱情重返，但是结果人尽皆知，李冶不曾有世人所说的圆满结局。

或许是因为门第，因为距离，因为太多的现实，李冶打不败世俗。

但她问诘世俗。

李冶不是被关在高墙内的道姑，她走在世间，走在人群中，看到怪诞与荒谬，从不习以为常，而是大胆地询问，发出自己的声音。

她在《春闺怨》中写道：

百尺井栏上，数株桃已红。

念君辽海北，抛妾宋家东。

李冶借用东邻美女登墙偷看宋玉的典故，大喇喇地问：“在

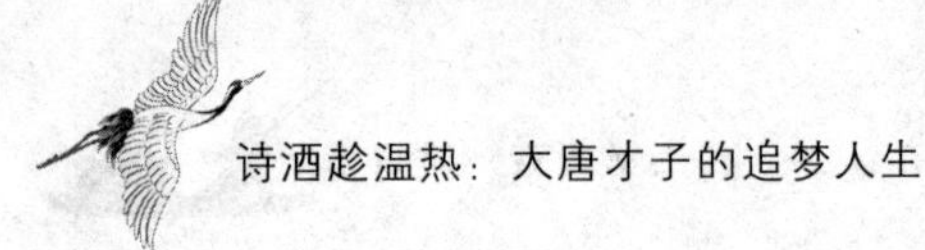

这个美好的春天，你把我抛弃在家中，就不怕我学那东邻美女，去偷看别的男人吗？”

李冶这样的话太大胆了。即使唐朝经历了武则天时代，民风开放，但是根深蒂固的男尊女卑的传统思想早早根植于大家心中，女子好像生来就应听从于男子，连大部分的女子都理所应当地认为。

李冶却对这些传统不以为然。

爱应该在思念时是缠绵的，在别离时是寂寞的，但它还应该是平等而自由的。

李冶从不认为自己是大胆而前卫的，她只是爱这个课题的钻研者，真诚好学。

李冶当然也会衰老，生了病渴望有人关爱，但是无人为她提供一个家，那就算了吧。李冶的诗句越来越好，她从那些朋友中获得了些许的爱，那就够了，何必奢求太多。据传她四十多岁时名声传到帝王耳中，帝王召她入宫，说她风韵犹存。

再后来，从《奉天录》窥得李冶的死亡：

时有风情女子李季兰，上泚诗，言多悖逆，故阙而不录。皇帝再克京师，召季兰而责之，曰：“汝何不学严巨川有诗云：‘手持礼器空垂泪，心忆明君不敢言。’”遂令扑杀之。

当时有一叛贼入长安，帝王慌忙逃窜，后来长安收复，帝王斥责李冶，为什么要给这叛贼献诗，而不学当时另一个叫严巨川的人，心中放着君王而不敢多言。

一个软弱的帝王，叫嚣让所有人勇敢，可笑。

李冶就死在这荒诞之中。

李冶的一生，不像其他男子一样，为了功名利禄，为了天下苍生；也不像其他女子一样，为了圆满姻缘，为了儿孙绕膝。李冶生不知何年，死不知何岁，在这世间行走不知几载，不知所获几何。

但她赤诚而大胆，聪慧而冷静，她在《八至》中写道：

至近至远东西，至深至浅清溪。

至高至明日月，至亲至疏夫妻。

她在高墙内，俯瞰世界。她求至亲，懂至疏之理；她求至深，触至浅之流。

爱恨情仇，她独求爱。

这好像是一个无用而虚妄的名词。

但是，学习爱，学习平等、自由与正确表达，也应是一生的课题。

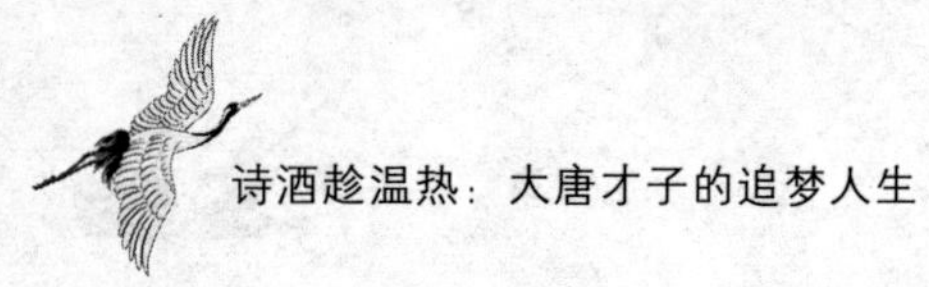

李端：神仙难求

李端是什么做的？

是平静的山林、漂浮半空的热闹，

和长久的未得之门。

李端就是由这些做成的。

升平公主的驸马郭暧又举办了宴会来庆祝他的仕途与快乐。

所以会有很多热闹奉上。

华灯，华服，华丽人间。

权贵才子鱼贯而入。

不用想象，自是一番推杯换盏，一场你好我好。有人为了快乐，有人为了仕途，有人为了打发无聊，所以千姿百态。阿谀奉承的人露出笑脸，才华涌现的人献出诗篇，闲散烦闷的人唱出歌谣，高坐贵席的人自我满足。

这宴会被一堆情绪推向高潮。

于是，李端出现了。

李端的出现是必然的。他是驸马郭暖宴席时的保留节目。这位喜欢同文人墨客打交道的驸马，算是位贤明之人，所以很多名士在他的府邸流连忘返。作为“大历十才子”之一的李端，去往长安之后，便声名大噪，交友唱酬，自是成为郭暖的座上宾。

尤其这位座上宾写诗精美而迅速，好像只是随手采摘一枝花一样轻松。

升平公主也听得李端的诗名，酒到酣时，兴至极处，便也想看一看“摘花”之景。

对李端来说，不过是千百次中的又一次夸赞。

今夜，李端在宴席之中。

今夜，李端在俗世之中。

今夜，李端手捧鲜花，关心人类。李端无可无不可地遵照君命，给这场快乐助燃，像是猛地打开一罐可乐，泡沫急速上升，惹得大家放肆惊呼。

青春都尉最风流，二十功成便拜侯。

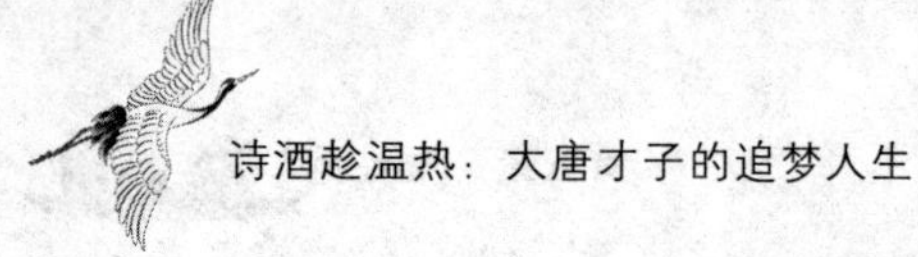

金距斗鸡过上苑，玉鞭骑马出长楸。
熏香荀令偏怜少，傅粉何郎不解愁。
日暮吹箫杨柳陌，路人遥指凤凰楼。

李端直白，或是漫不经心，你要什么便给你什么，这首《赠郭驸马》确实是一首夸赞驸马爷的好诗，是一首助兴的好诗。

大家都拍手称赞，李端本就此可以退下了。但是同是大历十才子之一的钱起很不服气，凭什么大家都说你有才华呢？文人相争，倒是有趣。钱起说你一定是早就想好的这首诗，才能如此快速地念出，要想证明你的才华，用我的姓为韵脚写一首诗，那你才是厉害呢。

李端没有反驳，只略微沉思，张口就来：

方塘似镜草芊芊，初月如钩未上弦。
新开金埒看调马，旧赐铜山许铸钱。
杨柳入楼吹玉笛，芙蓉出水妒花钿。
今朝都尉如相顾，原脱长裾学少年。

李端的才华尽显，再无人反驳。

这一点儿文人之间的争执，倒是让宴会再起高潮，李端作为擅场之人，尽职尽责，可完美退场。

李端只需回到宴会之中，做无数人中的一个。

这是李端自二十二岁到长安之后的日常。

李端来到长安时，正是安史之乱的余波消去，代宗即位不久，开始了新的大历时期。从大历元年到大历十四年间，李端多在长安，在郭暧的权势荫庇下，诗酒唱酬。李端的诗名渐远，后来的历史为当时那群活跃在文坛的十位文人取名为大历十才子，李端是其中翘楚。

盛唐不再，曾经的繁华如天上云般慢慢消散，变成雨，沾湿了一场又一场的战乱，等到再晴时，便不再那样仙气缥缈，终于显露出人间的那点儿真实与残酷。

但人间好像就是这样，那些繁荣总是一时的，长久的还是普通而寻常的日子。

所以他们的诗句也不再那样辉煌，不再那样惹后世传唱，甚至他们在历史中也趋近于默默无闻，在一群星光熠熠的盛唐诗人中，他们是渺小的，是落日余晖下的影子。

因此，即使在当时名噪一时，在当时诗名远扬，在近时看他们依旧是模糊的。他们的生平不再那样翔实，因为接近权臣，做富贵人家点缀在王冠上的一颗珍珠时，才有一些踪迹可寻。

没有后世的那些夸赞傍身，没有时代下的那些光耀笼罩，他们是最朴素诗人群体的缩影。

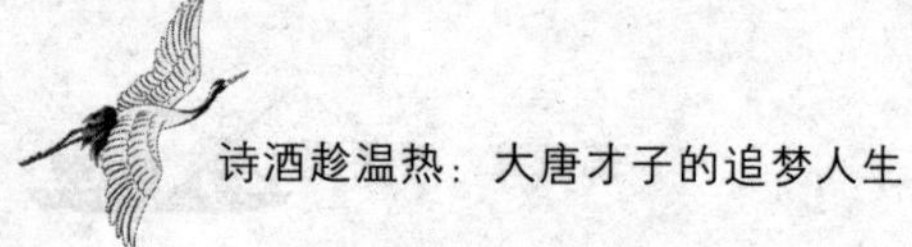

不过是一群意气风发的文人，想要寻求人生的突破，辗转在权贵之间，希冀得到赏识和推举，进而求得功名与官职。

这是千百年来无数文人的愿望。

当然这愿望的动力不同，有的因为生存，有的因为责任，有的因为功名利禄。

李端好像也是如此，他在走无数文人走过的路。

李端去长安的第二年，就参加了科考，没通过，两年后再一次参加，还是没通过。

二十七岁，李端第三次科考，才终于进士及第，而这同他写干谒诗以及驸马郭暧的援引有很大关系。

李端进士及第后很快便被授予校书郎的官职。

他的人生走上了正轨，偌大的长安城有了他的一席之地。

他还是原来的那个他，在郭暧的宴会上当一个擅场之人，制造一场又一场文人的盛宴。

他还是原来的那个他，同友人诗酒唱酬，送别他们，或者迎接他们，他在《送魏广下第归扬州宁亲》中这样写道：

游宦今空返，浮淮一雁秋。
白云阴泽国，青草绕扬州。
调膳过花下，张筵到水头。
昆山仍有玉，岁晏莫淹留。

他还是原来的那个他，长久地待在长安，偶尔也旅居他地。

离开长安，就好像离开俗世的漩涡，李端忽然感慨：

偶为名利引，久废论真果。

他说，我被名利所吸引，好像荒废了想要寻求的真谛。

好像人间一场，李端忽然抽身剥离，想起他那些不切实际的梦来。

李端少时崇尚修仙学道。

唐朝盛行道教，李端便离开家乡，远去嵩山求仙访道。

李端应该是带着极大的好奇与兴致去的。

没有人知道他是否将嵩山的所有道观都走过，或者停留在某一处拜师求道，像那些苦读诗书以求功名的读书人一样刻苦钻研道教，听烧香鼓敲响，念早晚功课经，吟诵，修炼，期望悟得神仙同凡人之间的联系，求得神仙术。

这倒也不荒唐，毕竟求道之人甚多。很多文人墨客也喜寻访神仙，写鬼神之诗。但是作为官宦世家出身的李端，这样一心一意地像个道士，还是有些特别。

山中岁月长，不知人间祸。

李端在安史之乱爆发前就去了嵩山，那时他大概十二三岁，怀着最纯粹的喜爱、最简单的想法和最荒诞的不切实际的梦。他是那样的专注，一过七年，像是仰望星空的孩童，指着天空问世人，你见过外星人吗？你知道怎么去找他们吗？你知道他

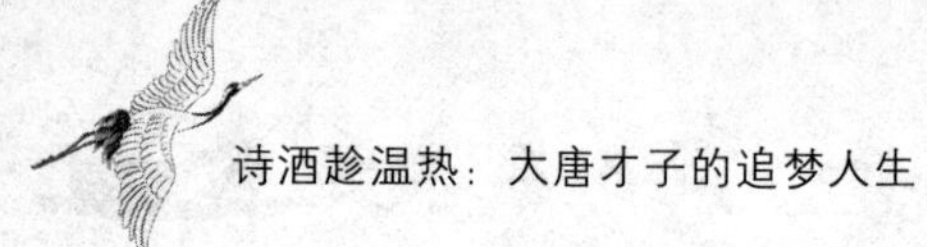

们的世界是怎样的吗？

李端就是这样的痴傻。

除了真的信奉修道之人，几乎没有文人像他这样，神仙只是他们的消遣，人间才是他们的征途。

李端二十岁的时候，因为不得道法，才下山去。

他说："余少尚神仙，且未能去。"

李端离开嵩山去弋阳做了小吏，但他还没放弃。他的友人畅当用佛门引导他，于是李端去庐山拜诗僧皎然为师，转而研究佛法。但仍未得其法。

或许他真的没有天赋，也或许他离开人间太久，没有感悟，便不入法门。

李端离开庐山，去往长安。他后来给皎然写诗说：

未得从师去，人间万事劳。

在长安，李端一头扎进万事操劳的人间。他也被名利所吸引，被人赏识，被人认可，被大家簇拥着欢呼，被少女环绕着仰慕，被音乐、诗篇、名画包围着、快乐着，好像那样也很美好。

驸马郭暧又举办了一场宴会。

这一次，李端又去了。

有一个名叫镜儿的侍女弹筝弹得很好，李端是有些喜欢的，不知道是喜欢人，还是喜欢曲，他不止一次地看过去。郭暧便说："你要是能写一首弹筝的诗，让大家都喜欢，我便将镜儿赏赐给你。"

李端当即作了非常有名的《听筝》：

鸣筝金粟柱，素手玉房前。
欲得周郎顾，时时误拂弦。

这首诗有意思极了，说弹筝的少女为了觅得知音，专门弹错了音弦，让周郎得以抬头瞧一瞧她，会得她的意思。

但是又有谁是李端的知音呢？

李端在给畅当的书信中严明自己的志向："少喜神仙术，未去已蹉跎。壮志一为累，浮生事渐多。"

我少时喜欢神仙术，但没能一直坚持修炼。现在如此多的事情拖累着我，令人无奈而衰老。李端内心充满着神仙难求的遗憾。

李端觉得自己体弱多病，辞官离开了长安，去终南山住了一段时间。那里没有宴会，但是同他那少时的梦如此贴近，住在山中，推开窗便能看到山涛汹涌，幽静而安然。

我们有两个我，一个忠于自然，一个忠于自我。

自然常常顺从，自我常常欺骗。

李端在终南山没住多久，便被任命为杭州司马。曾经的那个不切实际的梦又回来了，或者说它从没远走。李端的志向从不是做官，因为整天面对这诉讼案件，他并不喜欢。

李端喜欢修仙问道，或许是社会影响，或许是个人意愿，但也可能是没有缘由，那又怎样。

李端去虎丘山买了块地，后来觉得这里不够清幽，又搬去了衡山隐居，自称“衡岳幽人”。他弹琴，读《周易》，登高望远，好像曾经长安的簇拥同他无半点儿关系，他就这样在这山中待了一世，不知今夕何夕，纯粹如垂髫，安静至老翁。

李端的一生，都有他梦的底色。

今夜，我不关心人类，我只求仙。

这个不切实际的梦，从不是荒诞的。追求神仙，就如同没有翅膀的人类想要飞翔，如同喜爱宇宙的人类想要摘星。

人类亦诗人，应该拥有制造不切实际的梦的权利。

我们贴近梦，应该像创作诗句一样自然，像聆听音乐一样快乐。

我们贴近梦，应该是两个我走向同一处。

我们贴近梦，贴近我。

刘采春：为谁歌唱

刘采春是什么做的？

夜莺的羽毛、层叠的云，

和无数个蓝色的夜晚。

刘采春就是由这些做成的。

刘采春为自己画上新妆，她端详了一会儿自己，往外走着。外面吵吵闹闹的，都是些女子的交谈声。她们在等待着她，像是等待自己的丈夫一样渴盼。可惜，刘采春摇摇头，她整理了自己一番，回想着每一次演出的神态、动作，甚至眼神。她步履轻缓，如同踩着层叠的云一样。现在，万物苍生都要在她的世界里变得渺小、变得透明，然后成为一只只为她升腾的泡泡，争先恐后地为她欢呼、为她破裂。

刘采春站在台上，四周伴乐开始响起。越来越多的人聚拢在四周，她们穿着锦衣华服，戴着金银首饰，但她们不快乐，仰着脸，像是乞讨的小孩。

她们只想在音乐里逃离片刻。

哪怕过路的行人都因为这盛况驻足，她们也不在乎。

刘采春开始了她的歌唱。

刘采春此时已经是人尽皆知的歌手。很难想象，在古时那样书信车马的慢时代，也有如此疯狂的歌会，她被无数人知晓，也被无数人传唱。但也正是在那个久远的曾经，有一群穿着绫罗绸缎的贵妇，画着红唇，挽着发髻，她们走出空荡荡的家门，手挽手地朝着一个方向走去，走向一个大胆的唐朝。

唐朝从不按常理出牌，所以唐朝有了最多的诗人、最繁盛的文明，因此，唐朝也有了最壮阔的民间艺术。

唐朝有了刘采春。

作为唐朝四大女诗人之一的刘采春，也有不走寻常路的一生。

刘采春家贫，她没有普普通通地嫁人了事，而是走了伶人之路。伶人，自古有之，传说中因伶伦而有了音乐，伶伦听自然之音，创造韵律与乐器，因此，古时的音乐人也叫伶人。民间戏曲盛行，戏班子也林林总总，作为艺人的孵化器，刘采春也加入了进去。

刘采春学了乐器，学了戏曲，学了歌唱。

刘采春在街头巷尾搭个台子，博人一笑。来来往往的，走南闯北的，如沙丘聚散，累了，或坐或立，就看一会儿，鼓掌叫好，或赠出银两，好像是一群相互喝彩的小动物，不管有没有找到食物，都要积攒一会儿勇气，好走下面的路。

相比那些每天都坐在家中的女子，刘采春应该是经历过风风雨雨的。突如其来的大雨，无处安身的雪夜，或许在春节都不能歇息片刻。但是她也见到了更多，北国的春，江南的露，还有很多擦肩而过的人和刻骨铭心的事。

听起来虽然美好，但作为伶人的刘采春，地位本是低下的，也总是以乐人为生。

刘采春擅长参军戏。

参军戏来源于五胡十六国，因为一个贪污的参军的事情，而让伶人们一个扮演参军，另一个从旁嘲讽戏弄，来达到滑稽的效果。台下要绞尽脑汁地编排出一个又一个令人捧腹的段子，台上要像小丑一样夸张又口齿伶俐地抖出包袱，表演者小心又仔细地装扮嘴角的褶皱，只为最后能得看客一笑。

刘采春日复一日地做着这样的工作，她像是低垂的花儿一样在娱乐他人上面饱满地开着。因此，她也获得了别人没有的花香。

刘采春从这样古老的艺术中，拥有了对语言灵活运用的技能，同时，也产生了对他人深刻的同理心。刘采春就像一朵云，虽然经历很多，但是依旧又白又软，想让人躺在上面小憩一会儿。

想你之所想，知你之所知，是女子的柔软，也是艺者的珍贵。

刘采春是其中翘楚。

刘采春并不止步于此，刘采春能歌善舞，她的嗓音如夜莺，歌声渐渐地从一条街传到一条河，再越过一座山，千山万水，总是要唱到人的心中。

她要当别人心里的云。

刘采春常在江南一带。虽然那时的唐朝已经不再处于最为辉煌的云端，但是所有的动荡与不安，起起伏伏，只露了半个面庞，还未显示出所有的狰狞。人间是沉闷的、自成一体的掩面的和平，但只要宫廷里还有抛洒出来的酒，就能将来来往往的世人醉倒，卧栖在咿咿呀呀的歌声中。

金银筑起来的江山摇晃着，也婀娜着。

唐诗三百首，大约句句都成歌。墨客们登上山，要做一首表示到此一游，游子们踏上了船，要吟一首来回忆过往，还有赶赴边疆的文人们，骑着白马的将军们，甚至是在勾栏中的浪子们，谁都是诗人，而那些字字句句，被歌女们弹唱着，辗转流传。

秦淮河畔的歌女们，在夜灯下、江波里，怀抱着琵琶，唱着诗人们的歌。

她们都有着精妙的琴艺，很多富贵子弟都来为她们捧场。她们用金银珠宝装点的头饰打着拍着，断了也不在意，大家欢声笑语，酒杯碰撞，洒湿了一件又一件红罗裙。所有的时光都是热闹的，快意的，挥霍无度的。

她们是端坐在玉屋中的无忧少女，也是糅合在诗词中的温柔存在。

刘采春是知晓她们的，也见过她们，或许交谈过，或许没有。

刘采春同她们一样，也有不同。

刘采春是街巷中的亲和艺人，如同蝴蝶一样繁忙。她嫁了一位伶工，常常要一起演出，他们走过江南的每一片土地，歌声便也传遍了一整个春天。

刘采春走了越来越多的地方，被越来越多的人所知道。

但曾经的歌女们都已嫁作商人妇，零落四散至天涯。

这时的唐朝重商，越来越多的商人们开始从事珠宝、盐茶的生意。白居易在《琵琶行》里说："商人重利轻别离，前月浮梁买茶去。去来江口守空船，绕船月明江水寒。夜深忽梦少年事，梦啼妆泪红阑干。"

商妇们在家中寂寞地等待着，在当时是很平常的事情。

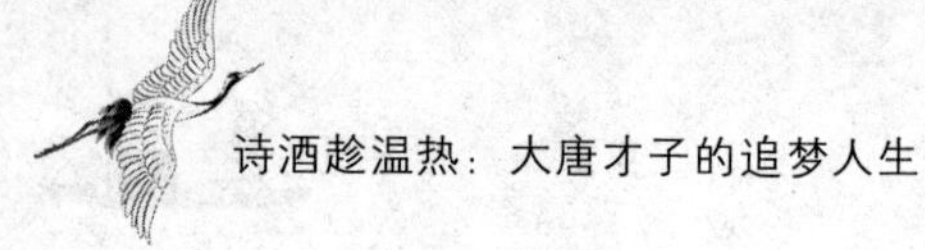

无所事事的女子们，没有等来自己的丈夫，却等来了刘采春。

刘采春的歌被当时的人们广为传唱，她的成名曲为《啰唝曲》六首：

不喜秦淮水，生憎江上船。载儿夫婿去，经岁又经年。

借问东园柳，枯来得几年。自无枝叶分，莫恐太阳偏。

莫作商人妇，金钗当卜钱。朝朝江口望，错认几人船。

那年离别日，只道住桐庐。桐庐人不见，今得广州书。

昨日胜今日，今年老去年。黄河清有日，白发黑无缘。

昨日北风寒，牵船浦里安。潮来打缆断，摇橹始知难。

写的就是那些被遗留在家中的商妇们。她们等着，盼着，失望着，也渴求着，不论是否有归人，但总有一曲陪她们度过一个又一个蓝色的夜。她们或许也会唱，为自己，也为未来。

很多人都曾质疑这些诗是否为刘采春自己所写，但这些诗带着刘采春的名字，直到今日。

这些诗是民间的、简白的，但又自有其直击人心的韵味，就像刘采春本人。

刘采春受到了无数人的追捧、有质疑或流言也无可厚非。

但无需多言，刘采春自我写作，也自我歌唱。她从不负女

诗人的称号。

刘采春又开始了自己的演唱。她为自己画上新妆，仔细端详后，便往外走去。这回，外面依旧吵闹，依旧喧嚣，但台下不再是那些行人或者妇人，是那位四处留情的元稹。

刘采春随着自己的丈夫赶到越州，去为越州刺史元稹献唱。元稹也为她的风姿倾倒。元稹听了刘采春的歌声，写了一首七言律诗《赠刘采春》：

新妆巧样画双蛾，谩里常州透额罗。
正面偷匀光滑笏，缓行轻踏破纹波。
言辞雅措风流足，举止低回秀媚多。
更有恼人肠断处，选词能唱望夫歌。

有无数人或者野史都为这段相见编写了风流故事。但是不论事实如何，元稹在最初，也不过是为刘采春欢呼雀跃的万物苍生中的一个。

刘采春最巅峰的时候，有一百二十多首歌，词有自己写的，也有别人作的。但那些曲，都是独属于她的歌喉的。刘采春为自己创造了一个不可能的世界，也为唐朝编织了一个大胆的故事。

很多很多年前，在安史之乱还未爆发的时候，唐朝也有这样的故事，但那是在宫廷中，有一个名叫永新的歌女。永新的歌声高昂而嘹亮，即使乐工将笛子吹破，也不如她的歌声嘹亮。在皇帝举办宴会的时候，数万人叽叽喳喳地说话，只要永新的歌声一出，现场立刻就安静下来。

永新的歌声是盛唐时的气魄，那歌声属于帝王，因而高歌猛进，直贯云霄。

而刘采春的歌声是中唐的基调，那歌声属于民间，是一群女子在悲伤时相互拥抱的温度，如同一群在寒风中挨挨挤挤的企鹅，艰难又可爱。

刘采春的身上自始至终都带着艺术的平凡和可贵。

为自己歌唱的平凡和可贵。

每个人都应该拥有它。

参考文献

1. 吴芙蓉 . 王昌龄诗歌研究 [D]. 华中师范大学，2007.

2.（清）彭定求等编，陈尚君补辑 . 全唐诗 [M]. 北京：中华书局，2018.

3.（元）新文房撰，关鹏飞译注 . 唐才子传 [M]. 北京：中华书局，2020.

4. 李德辉 . 李贺诗歌渊源及影响研究 [M]. 江苏：凤凰出版社，2010.

5. 董海龙 . 李贺是个德悲剧意识论析 [D]. 东北：东北师范大学，2005.

6. 韩兆琦 . 唐诗精讲 [M]. 北京：中国青年出版社，2017.

7. 傅璇琮 . 唐代诗人丛考 [M]. 北京：中华书局，1980.

8. 张篷舟 . 薛涛诗笺（修订版）[M]. 北京：人民文学出版社，2012.

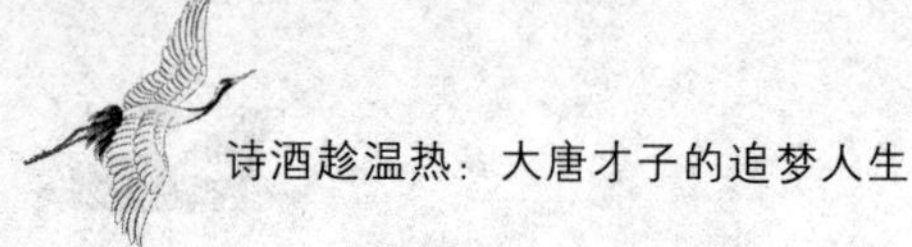

9. 王道云 . 望江楼竹类图志 [M]. 成都 : 四川科学技术出版社，2016.

10. 陈伯海主编，查清华等编撰 . 唐诗学文献集粹 [M]. 上海 : 上海古籍出版社，2016.

11. 刘东颖 . 中国古代才女诗词 [M]. 北京 : 中华书局，2014.

12.（唐）计有功 . 唐诗纪事 [M]. 上海 : 上海古籍出版社，2008.

13. 汪家华 . 张旭生平事迹考略 [J]. 南阳师范学院学报，2011.

14. 丁放 . 张说、张九龄集团与开元诗风 [J]. 文学评论，2002.

15. 刘海波 . 唐代岭南进士与文学 [D]. 广西 : 广西师范大学，2010.

16. 王岚 . 陈子昂诗文选译 [M]. 成都 : 巴蜀书社，1994.

17. 李广定 . 论唐末五代的“普遍苦吟现象”[J]. 文学遗产，2004.

18. 朱慧玲 . 王维辋川隐居生活管窥 [J]. 乾陵文化研究，2012.

19. 秦丹丹 . 安史乱后李白、高适、杜甫关系研究 [D]. 河北 : 河北大学，2017.

20. 乔长阜 . 李端生平考述 [J]. 江苏广播电视大学学报，1994.

21. 胡冰清 . 盛唐艳诗研究 [D]. 湖南 : 湖南科技大学，2015.